AF130268

MEINE 95 Thesen

In Erinnerung an Friedrich Nietzsche

Aus »Die fröhliche Wissenschaft«

Mit dem Fuße schreiben

Ich schreib nicht mit der Hand allein.
Der Fuß will stets mit Schreiber sein.
Fest, frei und tapfer läuft er mir
bald durch das Feld, bald durchs Papier.

August-Wilhelm R. F. Beutel

MEINE 95 Thesen

(angeschlagen an das Innentor des Herzens: MENSCH)

Eine Auswahl Leben in Poesie zu verstehen

Bibliografische Information der Deutschen Nationalbibliothek:

Die Deutsche Nationalbibliothek verzeichnet diese Publikation in der Deutschen Nationalbibliografie; detaillierte bibliografische Daten sind im Internet über http://dnb.dnb.de abrufbar.

Satz, Umschlaggestaltung, Herstellung und Verlag:

BoD - Books on Demand

ISBN: 978-3-7392-7392-1

Einleitung

… und ich begann das Alter zu genießen: wortbefreit, dort, wo der Philosoph Max Stirner einst schrieb: »Ich konnte mich anfangs nicht finden, da ich nach Mensch suchte.«

Jetzt suchen Andere mich, darum verstehe ich Heute meine Gesprächspartner, meine Leser, Hörer usw.! Sie suchten den Handwerker, das (Der) war ich nicht. Sie suchten den Menschen, auch den fanden sie nicht; ich war ein Selbst, ein Notenschlüssel für die Poesie, den ich nach einem ½ jährlichem Aufenthalt in Napoli, der Geburtsstadt Carusos in mein Ich aufnahm. Ein Philosoph? nein, zu sehr Praktiker. Ein Poet? Nein, zuviel Wortlosigkeit, um meine Lyrik zu verstehen .... und schon bin ich am Ende meiner 95. These angelangt (siehe Prolog am Ende dieses Buches)

›Dort, wo der Glaube rein wird enden alle Zeichen, Wörter usf.! An der Stelle öffnet sich das ›Große Rund‹ Leben mit Leben zu bewahrheiten, jeden Glauben als WAHR anzuerkennen, um dann gemeinsam über das tiefste aller (Dieser) Gefühle »Glauben/ Wissen« in die Gesamtheit Mensch zurückzufinden, wenn sie zuerst auch Glaswörter sind, Blüte an Blüte; und doch Du, ich, Himmel, Erde usw.! Darum meine 95 Thesen am Innentor des Herzens: Mensch angeschlagen, um in dieser Form der Poesie mich selbst im Ich zu befreien, irgendwo auch noch Mensch zu sein, in meiner »Lyrischen Lebensphilosophie«!

Die Heilung des Selbst Teil I + (Thesen 1–20)

»Die Fähigkeit des Analytikers, sich in Seelenzustände hinein-
zudenken, die nicht in Begriffen einer verbalisierten Bedeutung
beschrieben werden können erlaubt es ihm einen wichtigen
Bereich der Möglichkeiten zu ziehen, wenn er die Angst des
Patienten genau untersucht: das Grauen vor dem Verlust seines
Selbst – der Fragmentierung und der räumlichen Entfremdung
von Körper und Geist dem Zusammenbruch seines Empfin-
dens zeitlicher Kontinuität.«

(Heinz Kohut)»Die Heilung des Selbst«

Beim Lesen dieser Zeilen bin ich der Selbst-Analytiker der
ins eigene Innere schaut, ein Spektrum der eignen Angst auf-
zunehmen, um das Grauen des Verlustes an Zärtlichkeiten im
alltäglichen Leben zu ergründen. Findet dort irgendwo eine
Entfremdung statt? Diese Bilder der Seele in eigene Wort-
gruppen umzuwandeln, das ist mein mir wichtiges Anliegen
beim Durchforsten dieses mir zu Herzen gehenden Buches von
H. Kohut.

Ist es der Krieg, den ich als Kind erleben musste; wo die
Mutter ihre Zärtlichkeit zwei nachfolgenden Schwestern geben
musste, die Kriegswirren von Not und Elend, die Ausbom-
bung: Flucht nach Mecklenburg usw.! Und Vater schickte mich
als 5 Jährigen auf diese Reise. Er blieb. Ich musste mit fünf
Jahren schon erwachsen sein. Liegt dort die Angst begraben
nach Zärtlichkeiten jeglicher Art zu fragen? In dieser kurzen
Selbst-Analyse komme ich eigentlich nie über diesen Punkt
hinaus. Dieser Gedanke steht eigentlich für die Suche nach den
Bildern der Seele. Mit den Wünschen Körper und Geist verbal
in Einklang zu bringen lege ich mir selbst diese Zärtlichkeit in
meine eigenen Hände, um das Schwärmen von Kindheit, Ju-
gend, Sturm und Dang zu verbinden, dort, wo in der zeitlichen
Kontinuität winzige Zwischenräume sich zu meinem Wohle

öffnen, um diese lyrischen Wörter entstehen zu lassen, mich an der Selbst-Auflösung dieser Probleme zu erfreuen: Zärtlichkeit einfließen zu lassen!

Ich glaube ich bin auf dem Wege meinen Traum zu finden, in den verbalen Zärtlichkeiten – im Worte – ich zu sein!

Für alle Wesen vor diesem Herzenstor: Mensch

Vergebt
dass ich in Wörter kleiden möchte
was in der Zauberwelt
des Außenwortes Licht gebären kann.

Vergebt
dass ich in Buchstaben verkleide
was in der Ewigkeit der Zeit
einst Schatten wird.

Vergebt
dass ich von mir berichten möchte
als ob ich selbst ein Teil von
Eurer Zeit könnt sein.

Vergebt
dass ich im Sonnenschein der Au
mein Lächeln in die Feder legte
es verfärbte Schwarz auf Weiß:
Vergebt!

Gestern war ich noch ein Kind und weinte
Heute bin erwachsen ich und weine tiefer noch
als je zuvor. Morgen? werde ich im Alter
all mein Weinen als Gratwind eines Lächelns sehn.

Zu meiner Person

Beutel
August-Wilhelm

Mit dem Fangnetz in beiden Händen und am Gurt den
›BEUTEL‹ für die gesammelten Pilze, Beeren, Kräuter
usw.
(so das Familienwappen: anbei) Das fanden die Ahnen-
forscher heraus. Sammler und Jäger, so SIE – sollten Wir
gewesen sein. Als
Jäger und Sammler kehrte ich HEIM: *Wortsammler und
Jäger der Gedanken zu sein.*

›ich zu Ich‹

›ich‹ bin ein Jäger
mit den Augen: Friede.
›ich‹ bin ein Suchender
im Wort nach mir:
Verschwiegenheit

›ich‹ bin, so glaube ich
noch ungeboren: Liebe!
›ich‹ lebe außerhalb der Zeit:
bin ›ich‹ noch tot?

›ich‹ bin der reichste Mann
der Welt denk ich an all
mein Fühlen: Sehen!
›ich‹ bin mit all dem Reichtum
dieser Welt bestückt ›ich‹
lebe Heut und Hier.

›ich‹ bin zum Sehen für das Morgen
mit der Liebe ausgestattet
in all der Dunkelheit noch Licht zu sehn:
›ich‹ bin ein Jäger: ich liebe also lebe Ich.

So fand ich Mich: ›ich‹!

An meine Leser, Hörer …
70 Jahre Wegbegleiter: Worte, Wörter …

Sprache wurde notgedrungen die
Verständigung. Doch wo sind die Orte
alle nur geblieben – Euch und Mir?

Eine Auswahl möchte ich an dieser Stelle
treffen. Aus Dem Reiche der Symbole
öffnet mir das Auge und die Seele jene Welle
die Verstehen bringen sollte, bis zur Sohle:

eingereiht in die Regale, Jahr um Jahr
Augenblick auf Augenblick! Selbst das Herz
das dem Verstand die Weichen stellte, war
von der Geburt an oft nur Schmerz!

So die Auswahl öffnete die Differenzen
hin zum Schatten und zum Licht.
Möchte Gut und Böse Euch kredenzen
beide Seiten, das ist meiner Lyrik Pflicht.

Oft ist das Verstehen ganz allein am Wort gebunden.
Manches Mal wird selbst das Gut im Reden: List!
Darum möchte ich »Romantisch-Realistisch« Euch be-
kunden
dass im Schmerz – ein – Licht – Euch nimmer mehr
vergisst.

Differenzen liegen wie zertret'ne Wörter auf der Straße.
Jeder Abstand löst ein ›Höhlengleichnis‹ aus.
Jeder Wahre Glaube wird zum Lichte in dem Maße
wie Du verlässt –. mit Dir – Dein eignes Haus.

1
Mein Vermächtnis

Es kam der Tag, da
waren meine Händen: Sonnen.
Dunkelrot verfärbte sich mein Wort.

Augen funkelten in meinem Blut
das Selbst erkannt zu haben.

Im Licht gebar das Nichtwort
sich, in Fragen um. Ich verstand.

Alle Schatten dieser Welt
sind die Skelette: Menschen.

Im Widerschein ergab sich die
Verbrüderung des Sein.

Das Geben aus dem Selbst
muss neu belebt dem Blute
Auge geben, damit das Antlitz:

Mensch, in sich, noch weiter leben kann

2
Das Spiel der Mücken
gleicht dem Auf-
Stieg leichten Kaffeedampfes, gequirlt
wie Milch, die Schwarzem Kaffee Bild

verleiht. Und ? in dem Sonnenausgleich
diese Luft zu atmen, ist dieser
Tanz im Lichte schnell vorbei.

In Wehmut tränte ich mein Wort
auf den verlorenen Boden, weiß
so unbeschrieben wie das All.

Im Gegenüber treten sich die Menschen
wie das Vieh die Sinne ein.
Unwort: Schrei an Schrei!

Unikat ist nur das Ich.
Das Original bist Du. Das
was aufgerufen wird ist Wort.

Verletzt im Grunde ist die Ewigkeit.
Das Wort ist nur ein Teil der Zeit
vom Unikat, das Ich!

3
Angekommen
war ich einst
auf dieser »Heil' gen Erde«
durch der Mutter Schoß
hinaus in diese kalte Welt.

Krieg war angesagt.
Man tötete gerade
Mensch den Menschen
wie gehabt: Angekommen ich!

Jahre folgten! Arbeit barg
das arbeitsreiche Leben
außerdem der Wunsch: Musik.
Und schon von Kindesbeinen an

Das Gedicht! Der Reim begann
erfüllte mein Gesicht mit Leben.
Der Gesang erfror, noch
ehe er begann: zu sein.

Angekommen, wiedereinmal Neu
geboren, in der Welt aus Wörtern
sie, zu lösen aus Beton. All das
Trachten sollte nur Umnachten sein?

Jahre und Jahrzehnte formte sich
was nicht zu formen war: meine Reime.
Erste Ewigkeit durchlebt: Die Lebensarbeits-
Zeit! Schwüre pur sind aufgereiht.

Jetzt, gereift durch meine Universitäten:
Arbeit, Lieben. Leben – Stolz und Pein –
drängt sich dieses Neue, Alte Wort mir auf
Angekommen – umgeboren – da zu sein.

Wieder einmal Arbeit, diese aber ist gewollt.
Am Anfang war das Wort: die Lüge! Sie
die alle Menschen blendete, für sich
den Menschen aufgestellt: An-

gekommen, ich, am Ziel den Neuen
Start beginnend; aufzulösen, aus
der Gräber Wand Wort bei Wort
zum Neuen Leben hingewandt:

Knospe zu sein;. somit umgeformt das ›ich‹
im Worte Rein: Angekommnen zu sein.

4a

Mein Arkadien

Soll ich die Vergangenheit befragen?
Soll ich die Rinde am Baum auf-
schlagen, wo das Herz gerahmt
noch meinen Namen trägt? AB!
Soll ich all die Kreuze zählen, die
mich martern? Soll ich? Nein!
Auf den Alleen spielen wieder Kinder.

Auf den Wiesen, Gänseblümchen
Rosen meiner Kinderzeit, weiß
so endlos weiß, mit der Sonne
Angesicht im Blütenblätterring.
»Umgeboren« sagte Goethe.
»Kind« im Sinne Nietzsches, das
von »Gut und Böse« sich befreit.

Meine Wanderjahre im Gedicht
mir die Neue Zukunft weist.

4b

Der Weg ist mein Ziel

Jeder echte Lyriker, der seine Lyrik
lebt, ist Vater aller Menschen, eins
der größten Vermächtnisse, die sich
wahre Lyriker geben: zu leben.
Nicht der Impuls, das Wort in
Gold zu münzen legt die Lyrik
sich ans Herz. Sprache ist
der Lyrik wortlos mitgegeben. Darum
ist die Melodie, aus der Seele zu leben
mehr als alle Machtgier dieser Welt.
»… manches Mal ist das Wort die Tat
und dann ist ES mehr als alle Taten …«
So und nicht anders als SEUME die
ganze Tiefe sah ist Lyrik zu versteh'n

Lyrik ist die Hand, die mich wortlos
durch das Leben führt: zu sein!

5

**Warum ich trotzdem über Blumen, Bäume schreiben
möchte?**

Verborgene Schatten künden vom Licht.

Lichter gehen auf die Reise
kreisen ein die Zeit, der Abend fällt.
Bringt Sterne mir ans Himmelszelt
so bitt ich leise, damit nicht gar so dunkel
dieser Reim im kalten Nachgewand zerfällt.

Die Andacht, mich, dem Tag, zu geben
verband die Augen mir. Ich
floh in jenes Kämmerlein, mich
mit Wort und Wörtern zu umgeben
um nicht – Menschliches zu leben:

Mord und Totschlag stand vor meiner Tür.
Der Tag zerfraß das Licht, das ich mir
in die Wörter eingebären wollte.
Der Vögel Sang erlosch, die Tür fiel knatternd
in das Schloss. Und? Am Ende dieser Nacht

da waren alle Lichter fort, die ich
eingefangen – Wort bei Wort. Winter
war's, die Hände klamm, und eisig
auch das Wort, das mir im Mund erfror.
Menschsein, das ist: Lichter auf die Erde senden.
In dem Alltag die Befruchtung zu beenden
alles Aufbegehren in den Tag zu wenden
zu ertränken Politik und all die Machtbereiche

die nach außen menschlich ins geheim,
Pomp und Gier, das Selbst in sich befrei 'n.

Gandhi schlug man tot: wollt er wirklich
menschlich sein? Oder wusst' er selbst
bis zu seinem Tode nicht, was dieses Mensch-
Sein ist, das was Gandhi uns einst vorgelebt?

Als Indien sich von England löste, da
sagte ich Damals meinen Freunden:
»Sind die Engländer aus dem Land vertrieben,
bekriegen sich die Inder untereinander!«
Und siehe da. Mord stand auf dem Programm!

Haben die Sikhs, die Ceylonesen, wie immer
sie heißen mögen ihren eigenen Staat, dann
bekriegen sie sich weiter, – wie gehabt.
Weißer Turban gegen Roten Turban usw.
Bis? bis sie an einem Punkte angelangt, sich fragten:

»Was ist überhaupt das Wörtchen Mensch?«

Im Abschlachten der Wesen haben sie
sich selbst die Antwort gegeben …
Das ist so : Hier wie Dort …!

6a
Der höchste Preis

Alle Obszönitäten ballten sich im Film
zum Klamauk: ER preisgekrönt.
Jetzt brüten sie Zuhause
schlimmere Obszönitäten aus, da ja das
was gestern noch obszön all-
täglich wurde, durch den Hausgebrauch.
Jetzt zeigt man einen Film: skurril

sadistisch ... man tötete im Woodoo-Rausch
gleich reihenweise Männer, Frauen, Kinder.
Im nächsten Film sprengt man die Erde in die Luft
man ist mit aller Konsequenz dabei.
... schaut euch ein Gänseblümchen an
ein Blumenbeet, Brombeersträucher, wenn sie blühen
den Schmetterling, der trunken über Wiesen torkelt.

Vielleicht sind diese Werte nur vergessen worden.
Und der höchste Preis: Der Mensch?

6b
»Natur-Müssen« und »Kunst-Wollen«

Der, der will, er kann. Das ist
»Kunst-Wollen«. ›ich‹
kann leider nur »Natur-Müssen«.

Tränen rinnen in den Wind.
»Ende der Ontologie« so stand es
zu lesen. Warum

über Wortloses streiten? Abgemäht
das Gras auf der Wiese. Heu-
Ernten eingefahren. Lebensalltag: Zeit.

Rüben geerntet für das Vieh.
Kartoffeln nicht vergessen: Auch sie:
»Natur-Müssen« nicht »Kunst-Wollen«!
Atemlose Stille verklärt den übergeordneten Raum.
Zu neuen Ufern schwimmt die Zeit.
Die Stätte Kindheit ist verlassen, uferlos.

Im Sein die aufgebauten Schießbefehle.
Traumpaneele, wie viel Leiber: Männer/Weiber
türmen sich empor. Augenaufschrei: Vaterland?
»Kunst-Wollen!« Der, der will? Sie
können Alle. Das ist einzig Genialität?

»Natur-Müssen« schließt ein
nie im »Kunst-Wollen« Daheim zu sein!

7
Schollenerotik

Wieder und wieder
eingefangen
eingeholt durch Zeit
sitze ich vor jenem Lächeln
Zierde der Vergangenheit.

Wieder und wieder
bringt mir das Voraus
die eingeholte Zeit
dieses Stück Vergangenheit
in das Heute mich zurück.

Wieder und wieder
geh ich still allein
einen Schritt vors Haus
und ertappe mich dabei

Eins zu sein mit jener Zeit
und ich schau doch still voraus.

8
Der Boden der Gläsernen Amphore

Jeder gibt sein Bild hinein, als Gen
als Wesen, so, im Sinne Mensch
in die Amphore, um zu füllen sie
gewollt auch ungewollt. Die Einheit
Glas durchblickt der Menschen
Kern – von Nah und Fern – das
Selbst zu schau'n. Töten ist

fest anberaumt Gesellschaftsspiel
bis hin zum Brudermord.
Macht steht auf der Tages-
Ordnung. Doch schaut, oh seht:
Der Apfel hängt noch immer
am Erkenntnisbaum. Ich
glaube nicht, das Adam /Eva

bissen je hinein. Wo bei all dem Mord
auf dieser Welt sollte die Erkenntnis sein?

9a
Gefangen in der Amphore.

Nur Mauern, Gitterstäbe: Leere!
An den Wänden entlang im
Verdauungstrakt eines Tieres, das
sich Menschheit nennt. Im Kot
der Zeit von Abschaum, Macht
und Ekel, Raffsucht und Gier
das Luftholen vergessen im Schrei.
Im Mythos vergeht die Tat
das Licht nach außen zu bringen
ins Wort. Mauern …überall!

9b
Verzaubert fällt ein Blatt zu Boden.
Feingerippt lust – trinkt das Licht
den Aderrausch.

Unbekannte Flugobjekte – letzte
Sonnenstrahlen – wenn sie fallen
buntbefärbt durchs Licht der Zeit.

Ein weißes Blatt Papier
mit Wörtern vollgeträumt.

Eine Randbemerkung
Der Philosoph Kierkegaard meint: »Der Name eines phi-
losophischen Subjektes, ist immer, wenn es ICH sagt, in
gewisser Weise ein Pseudonym.«

10
Auf einsamen Wegen, Knospen legen
in frisch gegrabene Gedanken.
Welten entstehen, die im Vergehen
über Eis und Kälte wanken.

Steine legen, Gräser bewegen
dort, wo junge Keime sprießen.
Wege entstehen, durch das Begehen
ständig junge Keime zu gießen.

Und am Rande, im lichten Sande
wurzelt der junge Eichenstamm!
Auf den Stegen, trotzig dem Regen
bebt ein Netz, der Straße Kamm.

All die Gedanken, heben die Schranken.
Widerwillig löset sich der Wörter Damm.
Trotzend dem Winter, mit Kälte und Schnee
öffnet der Frühling die Gedankenallee.

11
Ein Kranich weitet seine Schwingen
in den Abend. Durchflutet den Frieden
wie der Pflug, den einst mein Großpapa
durch nackte, kalte Heimaterde zog

In dem Säuseln
braungefärbtem Wintergrases
gebiert sich mir
ein neuer Ort.

Krähen sammeln sich im Feld
und auf den Wiesen.
Ein Krächzen wühlt sie auf
zum Heimwärtzieh'n.

Auch in mir brennt sich
jener Aufbruch fest: Heimzugehen
wie jener Kranich, der
im Abendrot verbrennt!

12
Kleine Kinder
ich bin eingeschlossen.
Kindertränen! Meine
sind auch heute noch dabei.

Kinderwörter
stammelnd noch gegeben
lege ich Dir still ans Herz.

Kleine Kinder – ich –
schau meine Hände.
Kinderlachen – Weihnachtszeit!

Kinderwörter schreibe ich
auch heute noch:
erwachsenfrei!

Kleine Kinder:
›ich‹?
auch heute noch dabei!

13

Ausgezogen war ich
Friede zu suchen.
Was ich bekam war: Krieg.

Ausgezogen war ich
Liebe zu suchen.
Was ich bekam war: Hass!

Ausgezogen war ich
Geburten zu suchen.
Was ich bekam war: Das Kreuz!

Da blieb ich steh'n
ließ Krieg, Hass, das Kreuz
vorüberzieh'n

zündete in mir ein Licht
und ich sah die Liebe, den
Frieden: sogar die Geburt.

14
Zeit …, Zeiten

Am Alten Wehr, wo aus dem Fließen
Rauschen wird, sitz ich und zähl '
die Jahre, die mir noch gegeben.
Angegraut die Haare. Blicke folgen
dieser Welle in den Horizont.

In der Ferne Häusergiebel. Eine Kirchturm-
Spitze schließt das Fließen ein: besonnt.
Aus dem Rauschen werden langsam Worte
Kinderschreie. Das Bild der Großeltern
lächelnd mittendrin. Und weiter strömt

der Fluss ins Uferlose. Nimmt all die
Zeit mit auf, die ich –hier – saß und schrieb.
Der dunkle Tannenhain halb links
den Abend kündend: Herbst! Bald
steht der Winter vor der Tür.

Dann sitzen andre Menschen hier und
zählen IHRE Jahre: Kindheit, Jugend
Alter, ihr Gewesen-Sein! Und in dem
Gras, das ewiglich die Auen grünen
möge, verweht so langsam mein Gedicht!

15
Wenn ... Dann

Wenn alle Tempel längst Vergangenheit
wenn alle Niederlagen Siege wurden
wenn selbst das Licht das Wort verbrannt
in Asche wieder Wort wird in der Hand
die diese Feder führte, dann ...:?
Dann wird sich mein Gedankengang
verselbständigt haben.

Wenn alle Zeiten längst sich lösten
wenn alle Sterne Sonnen wurden mir
wenn selbst das Haus der Geburt
in Asche wieder Wort wird, Gurt
der einsam meine Feder führte, dann ...?
Dann beginnet mein Gedankengang
sich aufzulösen.

Wenn alle Götter namenlos einst werden
wenn alle Heiligtümer, die du einst benannt
wenn alle Himmelsstürme Erde wurden
in Asche selbst das Wort: Verstand, der diese
Feder führte dann ...?
Dann öffnen sich die Sphärentüren Dir
und Du trittst ein .

Wenn alle die Parteien ›Macht und Gier‹
wenn alle Glitzerkronen nackte Köpfe wurden
wenn selbst der Kaiser nackt tritt vor das Tor
in Asche sein Gewand dem Kind gegeben
das diese Feder führte dann ...?
Dann sind des Kaisers neue Kleider, Deine, meine.

Wenn selbst das Wasser, das zu Tale stürzte
wenn selbst das Licht den Schatten anerkennt
wenn selbst das Wort einst wortlos, Asche

Keim wird, in der Menschheit Hand
die eine Feder führte, dann …?
Dann ist das neue Fundament gegossen
für der Erkenntnis Land

Wenn alle Kriegssirenen in uns schweigen
wenn alle Toten auferstanden sind: zu sehn.
wenn alle Masken einst Gesichter werden
in Asche – Schein und Licht – verbrannt
die Feder einst geführet, dann..?
Dann öffnet sich mein Wort für Dich
vielleicht sogar für mich.

Wenn alle aber wieder dann die Neuen Tempel bauen
wenn alle wieder dann von Siegen träumen
Macht und Gier
wenn selbst das Licht im – Worte wieder wird betrogen
in Asche meine Träne liegt im Sand, die diese
Feder führte, im Verstand, dann …?
Dann schrieb ich umsonst für Euch, das hab ich erkannt.

Wenn ohne Dann ist ohne Leben
wenn ohne Aber ist ein Hoffen ohne Geben
wenn ohne Asche – ist kein
Leben mir, die Feder in die Hand zu nehmen:
wortlos bleibt das weiße Blatt, und dann …?
Dann bin ich in meinem Frieden angekommen
mich zu versteh'n. Mein Sehen es ist
tempel-los geblieben. Mein Verstand schließt alle

Wörter ein. Das weiße Blatt wird riesengroß
und doch so endlos tempel-los im Hause Mein:

Wenn … Dann ..als mein Gedicht begann …!

16
Kinderlachen in den Händen tragen.
Freunde nach der Liebe fragen.
In den Trümmern des Krieges liegen die Toten
auf den Feldern, schuttbesät: so
mit diesen Jahren müsste ich erwachsen sein.

Woher nahm ich nur den Gedanken Liebe?
Dieses Wort ist Makulatur, kalter Stein.

Und doch durchdrang ein Blitzlächeln das Laub
am Baum – den Birnen, Äpfeln – folgend
hoch hinaus, der Sonne näher, näher.

Blinzeln folgte dem Takt der Zweige.
Gestohlene Äpfel, der Hunger zwang
die Hände sich selbstbeschenkt, Licht
am Rande der Zerstörung zu denken.

Und wieder dieses Lächeln. Des Apfels rote
Wange, gekost, die Lippen verbrannt.

17

Mit FÜNF war ich erwachsen.
Musste es sein: Krieg trieb
uns aus Schutt und Asche heraus.
Zerstört das Haus. Hamburg getötet.
Mein tiefstes Atmen schwieg. Die Häuser leer
ausgebrannt. Und die Stimme, die
liebkosend uns umsorgte: Liebe sie!

Mutter schwieg. Kein Lächeln am Himmel.
Kein glutig Wangenleuchten im
kindlichen Gemüt, nur Glut
letztes Zucken der Flammen, der
Sieger, die sich austobten.
Kindlich das Verlangen.
Rosarote Wangen: Hände reichen
dem Gesicht das Wesen, dort
am Horizont. Das Kind es schweigt.

18

Erinnerung an Tannenbäume
und an Menschen. Bomben fielen überall
tausendfach und mehr: Flammende
Häuser flammendes Inferno: Mensch?
Soldaten rannten auf Soldaten los: töteten.
Tannenbäume erhellten den Himmel, damit
die Soldaten besser töten konnten.

Soldaten trieben Soldaten übers Haff, bei
Königsberg: Soldaten! Warum es
Soldaten mussten sein? fragt Ihr?
Wären es Menschen, dann wär' es Mord
und das wissen die Soldaten!
Oh Tannenbaum, oh Tannenbaum
wie hell ist die Erinnerung an Deine Lichter.

19
Für Menschohren viel zu fein.

Vor meiner Höhle, die
aus reinem Licht gezimmert
wo jeder Nagel mir war:
Lichtidee, sitz ich und
trinke mir den Alltag aus der Seele
wenn ich der Erde Kriege seh'.
Umnachtung lässt den Himmel
rot, von Blut getränkt erschauern
und auch der Mensch, der mir
in jungen Jahren noch
dieser Nagel ›Licht‹ mit
dem ich all die dunklen Kämpfe
hell gestaltete: vorbei!

Die Nägel Licht , sie wurden Teller-
Minen. Das Höhlengleichnis blut-
bespritzt allein durch Zeit.
Die Menschen sich in ca. 60 Kriegen
weltverteilt ermordeten! Die Höhle
blutbesudelt_ Ein Kalenderblatt!
Und ich? ›ich‹ sitze immer noch
an dieser Stelle, eingefangen von
der Lichtidee zu sehn. Doch jeder

Krieg wurd' Gitterstab der Zelle
die einst aus reinstem Licht gezimmert war.

20a

Irgendwo ein Krokusköpfchen.
Irgendwo ein Glöckchen: weiß.
Irgendwo ein sonniges Eckchen.
Irgendwo zerschmolzen das Eis.

Irgendwo ein verlassenes Wörtchen.
Irgendwo Grenzzäune, neues Joch.
Irgendwo ein ganz neues Gestern.
Irgendwo (…) (…)immer noch!

20b
Mahatma GANDHI

»Wenn niemand Antwort gibt
auf Deinen Ruf, dann
geh allein!«

Ich rief und folgte meinem Echo.
So war die Stimme ich –
ich stellte mich drauf ein, dass
den ich rief immer wieder
nur mein Echo konnte sein.

Ich ging – ging in die Erinnerung
ich kehrte HEIM!

Teil II – (Thesen 21–40)

»Die Kunst ist diese subjektive Leidenschaft, die keinen Anteil mehr an der Welt haben will.«(Maurice Blanchot)
Und doch, sie will! Oder besser Er/Sie der/die Künstler/in will mit der Kunst etwas aussagen, sei es im Endeffekt, wie hier in seinem Sinne Nicht-Wörter, die doch irgendwo zwischen Himmel und Erde Wörter werden; obwohl man keinen Anteil an der Welt haben will …! oder doch?

»Der Dichter existiert nur dichterisch, als Möglichkeit des Gedichtes und in diesem Sinne nach ihm, obwohl einzig in dessen Angesicht.« (M. Blanchot)
Wie viele Gesichter hat ein einziges Wort? Unendlich viele! Und doch versucht der Poet mit Metaphern in die einzelnen Wörter einzudringen, um die winzigen Differenzen noch zu entschlüsseln. Dieser Beitrag kann nur vom Einzelnen bewerkstelligt werden, da nur der Einzelne das Wort zu seinem Selbst hin aufschlüsseln kann. Denkt er, dieser Einzelne, in dem Falle wie der Poet in seinem Poem, dann ist er auf dem richtigen (seinem) Wege Poesie zu verstehen.

»Ein Gedicht zu lesen heißt nicht, noch ein Gedicht zu lesen, heißt noch nicht einmal, mittels dieses Gedichts Zugang zum Wesen der Poesie zu erlangen. Die Lektüre des Gedicht, das ist das Gedicht selbst.«(M. Blanchot)
An dieser Unendlichkeit, dem Wort, Poesie abzugewinnen beginnt die Form sich aufzulösen, um Teil zu werden: Selbst! Dieses Selbst dann wird Teil des gelesenen Wortes, und wie gesagt nur dieser Teil ›Welt‹ wie es Menschen auf dieser Welt gibt.

Ein Gedicht ist das wortlose Bild der Seele, das in kleinen Bruchstücken, Das ‚Wort‚ werden lässt, was als Unikat selbst dem Dichter unerklärbar ist.

Das Gedicht in seiner Gesamtheit ist etwas Einzelnes. Die

Wörter sind die Masse, nur Konfiguration, Gestaltung eines Auswurfes, das Bild werden möchte! Z.B. Zärtlichkeit ... usw.!

21

Der Schleier, der keiner war

Als Kind noch nach dem bunten Balle greifend
der tönend vor dem Aug' des Säuglings dort
am Kinderwagen schwebte, aufgehängt.

Der Schleier lüftete sich dann, wie von selbst
nach ständigem Wiederholen, zu erreichen
dieses bunte, klingend, rasselnde Zottelding.

Der erste Schleier war einfach n u r
dies ›Einzuschießen‹ auf die ferne Ferne
die bald, erfasst, in Täglichkeit, mir überging.

Der nächste Schleier war das Aufrechtgehen
wie Mama, Papa. Selbst Oma stand
am Herd auf einem Bein, das andre schonend

wenn gar zu arg die Landwirtschaft
die Glieder schmerzen ließ; beim Rübenhacken
und beim Jäten, tiefst, in ihre Knie zu geh'n.

Nicht einmal ein Jahr war just vergangen
mit Krabbeln, Robben hat es angefangen
fiel auch dieser Schleier und ich stand.!

Mit Laufen, Schwimmen, Raufen fielen Schleier
dutzend – weis' und mehr. Selbst dieses Plappern
war nur Übergang die Sprache zu gestalten.

Reim auf Reim, das war mein Kinderparadies
trotz Krieg, und all der Angst vor Tod und Leid.
Mit Holzpantoffeln das war Anfang :Schulbeginn!

Noch stümpernd, ich, unbeholfen, wie der Griffel
quietschend neue Schleier um die erwachten
Zeilen warf. Der Krieg zog Leichentücher in
die aufgeflammten Kinderseelen, Stauraum
für die ganze Schrecklichkeit ins Licht zu sehn.
Und auf den Stufen, rauf, das Glück zu lüften

warf die Zeit ihr Maschenwerk auf all die Sprossen
jene Leiter, die Verstrickung war, Leben zu versteh`n.
Leichentücher! Krieg durchlitten. Bombenfracht

vorm Elternhaus. Ein Blindgänger rettete
die letzte Haut, die hinter all den Schleiern
irgendwo den Pulsschlag dieses Wunders Herz erhielt.

Jedes Wort war in mir Innerstes, Verkleidung
im Licht des Vortags das Geschehene zu sehn
wenn Nächte begannen die Tage zu zerlegen

um dem Trugschluss ›Augenöffnen‹ ständig
neu mit Schleiern zu versehn, ständig auf
den Mund zu achten, ob die Lippen zu gestalten

wussten, diesen Mythos zu umnachten
aus der Grube Platons heraus das Wahre
im Angesicht der Menschen zu versteh'n.

Als Kind, die Schleier fortgeworfen. Als Mann
die Liebe versucht zu versteh'n. In der Hand
den Schleier des Selbst, der unverstanden mir

die Augen tränen ließ. So verließ mich die Zeit.
Angelangt im Alter, dort, wo sich die Tage selbst
genießen, und die Nacht wird stille Heiterkeit.

Augenblicke ungestörten Krankgebärens. Stilles
Auge sich um all die Schatten legt und lacht
da ich erkannte jene Schleier sind … nur

das selbstgewundene Karussell im Kreise, das
dir Kopfzerbrechen macht. Denn die Wahrheit ist
nur Schleier vor dem Schatten, den du dir selbst

hast wie ein Zweifel umgehängt. Die Wirklichkeit
das ist die ganze Wahrheit, sie ist das Licht, das
du im Fragen /Klagen selbst dir in die Wiege legst.

Das Alter hebt den letzten Schleier mir, und ich
ich schau verlegen, hinein ins Licht, das
mir die Offenbarung weist, zu geh'n, zu seh'n.

In allen Wörtern ist der Schleier deines Aufbruchs
nur die Knospe, die dein Ich verstehen will.
Der Abend schreibt das letzte Wort: *Geborensein!*

22
Der Sänger und sein Publikum

Der Anfang war ein Ton. Ein Wort
gelippt, schwang auf sich in die Räume
verkörperte das Licht und flog davon.
Entglitten war die Wirklichkeit dem Traume.

Unbezahlbar, unverrückbar war der Stellenwert
Beschaulichkeit ›bedeutsam‹ zu veredeln.
Im unverzückten Aufschrei, trunken, winkt
die Grünarena MARKT mit ihrem Preis.

Der Sänger öffnet seinen Mund verstohlen
fürs Wort, um in der Melodie verstrickt
dem Publikum die Augen zu entgöttern
mit dem Charme seiner Redlichkeit

das, was dem Dichter einfiel und dem Komponisten
einfachst hingenommen? Wort und Ton, wie
in der Politik: Gesetz! Im Anfang
es begann mit einem Wort: Die Lüge!

Und auf der Bühne warf der Theologe
schon den Schleier auf den Apfel, den ‚der
die Erkenntnis bringen sollt‘ und fraß in auf.
Sänger Schütze wortlos Du, Dein Publikum!

23a
Zu meiner Person.

Mein Alter Dorfschullehrer
P ä s c h schrieb, ich
Fünf an Jahren – mein – erstes Zeugnis
es bestand aus einem Satz.
Ein halbes Jahr war kaum vorüber,
da kam die Burteilung! Sie musste sein:
Gesetz.
Und was schrieb er auf diesen kalten
weißen Bogen? Ein Zeugnis mir
bis auf den heut' gen Tag »A …
ist ein größer Träumer!« Mehr stand dort nicht
… und seine Unterschrift.!

23b
Die Liebe zum ersten Lächeln

Gibt es etwas Reineres als die
streichelnde Hand eines Wesens
im Antlitz einer Frau? Ja gibt es!
… wenn beide Hände kosend
sich verlieren – wortlos – ,dann
löst das Wörtchen – *Rein* – sich sogar auf!

24
Ich schlage auf
das tiefste Buch in mir
das ich besitze

die innerste Serie
meines Gen-Reservats
die unsichtbar im stillen

Kämmerlein abrufbar
das Wort im Alkoven für
immer schlafen lässt.

Tanzen möcht ich diesen einen
frohen Walzer ungehörter Seligkeit
am Bachlauf umfreiter Kinderzeit.

Da merkte ich, das jene Seiten meines
Buches, unaufschlagbar, an die Seele
der Gedanken, angegliedert war

wie jene Rinde des Alten Eichestammes
den Großvater schon, gelehnt, nach all
getaner Arbeit als Stütze nutzte, frei zu sein.

Die Seite bleibt verschlossen, ungeöffnet.
Ich nahm mir, angelehnt, am Alten Eichestamm
das Gen in die Hand und lächelte

es war das Wort, das sich gelehnt
auf einen neuen Tag vorbereitete
aus jenem tiefsten Buch in mir.

25
Glockenreines Atmen.
Auf Stimmenfang justiert
sich ein die Alltäglichkeit
die Hand zu führen, dort

wo Licht zu verspüren, wo
das Blatt vom Baume fällt und fällt
um Humus zu werden.
Knospenbeginn.

Und es fällt das Blatt
wie das Wort auf den Bogen.
Weiß die Erde, die
den Samen nährt. ER ist gefallen.

Glockenreines Atmen
geht der Nacht voraus
gefallen zu sein: und das Wort
wird Stein: glockenrein!

26
Das Goldene Zeitalter alterte

Der Teufel sitzt mit eingeklappten Flügeln.
Vor mir. Vor Dir. Der gefallene Engel.
Das große Trugbild, Dualismus in
Gut und Böse aufzulösen vom Schleier
zu befreien? Schein!

Wortlos sollte das Göttliche werden: Einheit
nach dem Olymp! Auftragssuche nennt man
wohl dies Geschehen, das Christentum aus dem
Personenkult Hellas herauszuholen.

Was blieb? Dem Dionysos folgte Jesus.
Maria vom Sonnenstrahl befruchtet wie
einst ZEUS, der durch die Gitterstäbe schlüpfte
um seine Angebtete zu schwängern?

Schade, dass das Wort vom Menschen stammt.
Ansonsten wär's meine Alternative für die
stille Einheit, sich, in Frömmigkeit
menschbefreit, zu beschenken: wortlos
jenseits von Gut und Böse zu sein.

Die Personifizierung geht also menschlich weiter.
So wird mein Wort zum Schein.
Der eingeklappte Flügel – Engel bleibt besteh'n
als kleinstes Schiffchen: meiner Poesie!

27

»Und lüftest Du den letzten Schleier
das sag ich Dir, dann siehst Du
die ganze Wahrheit Deiner Zeit.«

Höre, sei für Deine neue Sicht bereit.
Dieser Schleier gehoben. Entbunden du?
Nein, es wird ein Neuer Schleier dir verkünden
Wahrheit ist nur Wirklichkeit – von Zeit!

Weisheit, sie wird stets Dir Schleier bleiben,
er, der wortgebunden Dir verkündet:
»Wer Schleier sehen will, der sieht.«

Ich schau hindurch und seh' ein menschlich Wort.

Die Utopie heißt übersetzt: Nichtwort. Ort-
losigkeit (u topus) und doch ist jeder Schleier
ein menschlich Hort, ein Kästchen zwischen
all den Fäden, ›die Parallelen bilden‹ Licht
bei Licht: Dich selbst zu versteh'n.

Und die Fäden bilden Dir
die neuen Schatten
dies Umnachten still zu begatten
mit dem großen Schleier: WIR!

Sei also bereit für die Wahrheit: ZEIT!

Arthur Schopenhauer philosophierte: » ... das die Ein-
sicht Einzelner sich nicht geltend machen kann solange
der Geist der Zeit nicht reif ist, sie aufzunehmen.«

28
Ausgrabungen – oder , sich öffnen

Goldene Becher. Nestor auf der Marmor-
Bank sitzend: Ausgrabungen!
Ganze Paläste: Gegenstände!

Auch Menschen grub man aus: Knochen
Zähne, durchlöcherte Schädel. Und weiter
zurück, nochmals: Steine, Keilschriften
Abbildungen in Gold! Harmonisch ge-
ordnetes Silber ... Und?

Radprofile eingedrückter Wagenräder.
ER, der grub, kam nicht mehr heraus.
Im Grunde grub er nicht aus, sondern
sich ein. Dann stieg er doch noch hervor

mit einem Stein, mit eingemeißelter Rille.
Dieser Spalt im Quader des Lebens
soll das ›Bedeutende‹ sein? Nein!
Es wird zum *Bedeuteten* (zum Wort)

vermasst zum Goldenen Becher
zum Goldenen Kalb: Der Hort.
Nestor trinkt zum Schein
Dir zu, und du sitzt daneben, Wort
geworden. *Bedeutetes:* S t e i n !

29
Feuernadeln stürzen sich
Stich um Stich, die dunklen Bäume
bindend zu einem Fließ
des Überganges, Glanz zu sein.

Ein unendlich reines Lied
zieht durch die kahlen, zarten
Äste! Grün wird alles Licht
im Angesicht des Chlorophylls

des unerwachten Lebens. Knospe
noch, goldgefärbt das Schwarz
der werdenden Blätter. Auf-
gestapelt springen Lichtreflexe

in den Bäumen her und hin
und doch Ruhe im Sinn: zugleich.
Ein Aufschrei, dieses Funkeln. Brände
füllen auf die dunklen Knospen: märzerwacht.

Der Abendsonne, ich, hingegeben
Vogel-Kehlen-Triller in den Wipfeln.
Im Astgewirr flutete mein Sinn dahin:
»Frühling, Frühling: beginn!«

30

Zuerst war das Chaos, die große Leere.
Nichtwissen, als Beginn. Dann machte
irgendjemand die Augen zu und Musen sangen
in zärtlichen Klängen von den Anfängen der
Götter, so, entstand sie, die Theogonie!

Rein ist jede Mythologie, bevor sie Wort wird.
Das innere Auge sieht, lacht und tränt
auf höchsten Gipfeln, in lauschigen Tälern.
Rein ist das geschlossene Auge. Doch dann
will man verkünden, in Worte kleiden
glorifizieren, und manche wollen sogar leiden.

Jede Geburt ist rein. Die große Leere als Beginn
wird Wort. Mystik setzt ein, das personi-
fizierte Menschlichsein, ein Wunder
bricht hervor. Der Geburtskanal öffnet
wortlos seine Lichtwege: Fisch im Wasser
gewesen zu sein. Ein einziger Schrei führt die
Metamorphose herbei: »Seht her ein Mensch!«

Rang und Namen folgen, und schon
ist das, was Vergangenheit sollt' sein
wieder da: Der Glaube an das Menschlichsein.
Chaos besteigt erneut, geköpft …den Thron

31
Differenz und die Distanz
erinnern an den Glanz
des eingemachten Frühlings
als Grün noch ungekeimt
nur Fragen war: Ein Wort.

Im Unterschied des ungekürten
Tatbestandes beginnt das Wort
das Fleckchen der Distanz
fürs Volk zu lösen. Die Obrigkeit
besetzt die Differenz.

So gesehen hat die Distanz gewonnen.
Alle Möglichkeit der Klärung ist zerronnen
denn das Wort – Die Macht – verlacht
den Tag, selbst den der Deinen Geburt.

Sündig bist du schon geboren.
Alle Göttlichkeit wird kirchlich – Schein.
Denn jede Blüte trägt in sich
die Differenz zum Wort
jenen Ort, der unumgänglich
eingebrannt in jedem Wesen.

Außerwörtlich ist zu lesen
Dir die Möglichkeit verwehrt
rein zu sein z.B. im Gedenken.
Mutter sein, wenn sie gebärt.

32a

Die Philosophie des Poeten
ist dem An-Scheine nach nur
Aufbegehr, sich selbst zu schau'n.

In den Abgründen der Alltäglichkeit
ist das Einerlei, die ständige Wieder-
kehr, die sogenannte Routine
die Selbstverständlichkeit Abbild
der Unzufriedenheit: zumeist.

Doch? wie das Blatt im Baum ist jedes
Einzelne ›einzeln‹ zu betrachten.
somit wird aus einem einz'gen Wort
ein bunter, blumiger Farbakkord

Schon wird Dir, in Anbetracht der Natur
der Baum dann insgesamt in seinem Laube
zum Festgewand. Ein Lächeln Dir
wird Tatbestand. Das ist das große Wunder: WIR.

… So Meine Philosophie !

32b
Vor welcher Vernunft verantwortet
sich eigentlich die Psychoanalyse?
Am Kiesbett steht der Psychologe, wirft
Tröpfchen auf Tröpfchen auf den Stein.
Ist das Vernunft? Ich meine Ja!
Denn Er soll Finder des Atoms Dir sein
der die Psyche durch den Kiesel trägt
zu filtern die Vernunft. Jung-
fräulich floss hervor der Sinn zum
Quell, um zu gesunden: Flüsse, Völker
Meere. Ist das die Wahrheit, dies Gebaren?
Das Problem, es ist gelöst! Der Tropfen gab
dem Kiesel ein sein Zagen: es ist vollbracht..!
Kritik? Nein! … nur Fragen!

33
Meine Sternbild –Poesie

Dieses Blatt der Sternendeuter
›ungedruckt‹ am Himmelszelt
spazieren geht.

Sokrates wusste : »ich weiß, das ich
nichts weiß.«
Astrologen glauben, das sollt dann
ihre Wahrheit sein : zu wissen!

Nichtwissen, das schließt Glaube
stets mit ein: das weiß ich genau.

Im Sternbild Skorpion ›ich‹
geboren. Zeit leuchtet mir
in anderen Sternen –Zeichen
Horizonte ein: zu sein.

Einzelner des Sternbildes im Stern allein.
Ein Wort wie Sand ganz allgemein
kleinster Stein am Strand
dort, wo ich mein Sternbild fand.

34a
Puzzle-Stein ›ich‹

Den Nobel-Preis bekam ich als Puzzle
bei (ai) Amnesty-International
Kleinster Ansatz dieser Ehrung? Keine!
Meine Wörter rasten wie Schreie um die Erde.
Das war's ! Stein auf Stein bekomme ich
als Bild, mein Wort zurück. Nur da zu sein.

Das Irrlicht (ai) war für sie
ein großes Gemälde für die Reklame-
Galerie. Das Fußvolk wurde vergessen, es
das Tage, Nächte gesessen den Herrschern
der Welt Bittbriefe zuzusenden, den
Angeklagten, den Vielen, zu verzeih'n.

Wort-Taten waren Puzzlesteine nur Fuß-
Volk, kalter Stein, ungekannt, unbenannt.
Da nahm ich wieder mein Bild in die Hand
und schrieb die meinen Wörter an die Wand
»Romantisch-Realistisch« das zu versteh'n
meine Poesie allein als Puzzle›ich‹ zu sehn.

34b
Schreiben

Possen an die Wand gegossen.
Kleine Sterne an den Baum gepinselt.
Einen Ast gebrochen. Selbst gewinselt.
Ängstlich unters Bett gekrochen.
II. Weltkrieg. Bomben rieselten
alle Grausamkeiten in die Zeit.
Und doch ich malte in den Sand
die Wörter Freude, Leid, Glück und Verstand.

Schreiben, das bedeutet sich zu lösen
aus dem Kreis des Denkens auszubrechen:
zur Feder greifen
über Wiesen schweifen
jedes Blümlein fixieren
selbst existieren
Lichter aufzuschreiben
Notizen einverleiben
Pinseln und Schmieren
keine Zeit zu verlieren
Kritzeln und Malen
Klecksen und Tippen
an den Ästen den kahlen
das Märzgrün erwippen
entwerfen, verfassen
niederlegen die Feder
unter einen Baum
das ist mein Skript
vom Schreiben: *Mein Traum*!

35a
Stein auf Stein
kann ein Haus ergeben.
Wort bei Wort
ein Gedicht.
Schreie sind Teile
des Lebens, Steine
Teile des Seins.

Sandkorn auf Sandkorn
kann Strand ergeben.
Tropfen auf Tropfen
ein Meer. Friede
ist Teil des Krieges
und das Licht, Teil
der Dunkelheit.

Mein Wort, ausgeblichen:
Amphore ... Stein.

35b

Atmen jenseits der Baumgrenze
Wie immergrüne Lichtdioden
wie eine Schutzschicht-Welt
im Weltmeer Sein.
Fand ein stilles Schweigen
außerhalb des Hastens …
ich atme ein.
Wie Türenknarren, wie
ein Mondscheinrasseln
wie eine unvergleichlich liebe
Nacht-Idee, fand ich ein Wort
wie Tau am Morgen, still und friedlich

Ich atme ein! Ich atme aus!

36a

Wenn sich die Sterne
in einem Ort versammeln
dann weht ein Schein
von Glut aus meinem Wort
heraus, die Welt der Wesen
zu befruchten, mit jenem
Sternenleuchten: Auf-zu-schau'n
Wenn sich der dunkle Himmel
aus dem Alltag dröhnend
herunterwirft auf mein Gemüt
dann glänzt aus deiner Hand
die Zärtlichkeit, die Wolkentreiber spielt.

36b

Morgen werd' ich wiederkehren, mich
mit meinen Mitteln wehren, die
mein Leben lang ich trug. Heute
ist die Stund gegeben. Will
den Tag mit mir erleben: still fällt
eine Vogelfeder aus dem Nichts
herab. Auf dem Tische blieb sie liegen.
War jetzt tot. Vorbei das Fliegen.

Lebenshauch, du Wind der Sterne
schenke mir das Licht der Ferne
um mit einem Hauch, den Atem
eines Wortes, aus dem Gestern dir
du Feder, einen Tag des Flugs zu
schenken. Denken hob das Bündel

Zärtlichkeit alleine in das Morgen: Heute.
Gestern wurden Schatten :frag das Licht.

37a

Noch bin ich Ich, bevor die Lippen
öffnen sich, träumend meinen letzten
Morgen-Atemzug dem Tag zu weih'n
Doch da, das erste Wort zerbricht das
tiefe Schweigen es steht vor mir, dies Du
das meinem Ich die Hände reicht.
Gemeinsam, Arm in Arm, schwingt
dieses Abenteuer, der Neue Tag ins Wort
da brannte jene Flamme mir je
die Zeit zu Ende: Das Erkannte
– dieses Sein – hat wieder seine Ruh: ich bin
im Du mit Mir Daheim!

37b

Das Computer – Zeitalter

Zwischenraum, du Zeile des Vergessens
schließe ein mich in die Zeichen
Striche--- Punkt..!
Wörter zu begehen, sie zu sehen.
Jetzt verstehen sich die Menschen.
Am Computer trabt man Auf und Ab
Was? Liebe ist was Grab? Auf
den Alleen dieser Datenautobahnen
fängt man an zu buchstabieren
Punkt, Strich, Punkt, Strich---/ …
Und die Obrigkeit gibt weiter ein
wer gut ist und wer soll böse sein.

Ein neuer Zwischenraum: Punkt/ Strich!

38

Die Alte Burg mit ihren Zinnsoldaten
das war Weihnacht. Das Dreirad
frisch bemalt für das nächste Kind
die Puppe aus Stoffresten zusammen-
geflickt hatte ein neues Auge
ein neues Kopftuch- vom Weihnachtsmann.

Die gebackenen Plätzchen – Anis
Pfeffernuss und Mandeln, wenn es sie gab.
Ein Abend ohne an Krieg zu denken
sich mit einem Lächeln Frieden schenken
den Nachbarn anrufen: »schlug bei EUCH
etwas ein?« Bombenfrei, auch das: Weihnacht.

Die gebratenen Äpfel aus der Bratröhre
von Oma liebevoll gewendet. Der eine
Becher Milch vom Liefergut abgezwackt.
Das Zucker-Ei, das Oma mir heimlich schlug
erst das Weiße, dann das Gelbe hinein-
gezuckert – O – das war meine Weihnachtszeit.

Die Kerzen gezündet, wenn welche vorhanden.
Verdunkelung – Lichterzauber – Friedensfest!
Kinderaugen sind mir bis heute geblieben
drum sitze ich hier – und vor mir im Schnee
Die Alte Burg – liebevolle Hände – und überall:
DER ZINNSOLDAT!

39a
Weihnachten 1943 … usw.
Mancher saß in Trümmern
weinte das Elend heraus
war im Keller ZUHAUS.
Diese Zeit nahm uns
für Zeiten das Lächeln ab
Bomben groß und größer schmückten
uns den Gabentisch: Heilige Zeit?
Eine brennende Kerze erinnert mich …
und ich denke doch voraus!

39b

Weihnachtszeit

Es flieht die Dunkelheit ins Grenzgetose.
Der Traum ins Paradies zu schau'n ist fort.
Die unbekannten Sterne – Kinderwort –
verlassen, wie das Welken einer Rose.

Man schmückt den Baum, wie eine Herbstzeitlose
die an das Blühen denkt, der Kinderhort
und treibt der Lichter Schiff in einen Port
wo Alltagswellen glätten der Mimose

Angesicht! Kerzen für die dunkle Nacht
erleuchten mich um aufzugeben
für einen Seelenblick den Hass den Neid
um aufzuschauen in die ganze Pracht

dieses Licht im Worte sich befreit:
Wir sollten alle Kinder sein zur Weihnachtszeit

40

Weihnachten /Neujahr.
diesen Zwischenraum, der Jahre DREI, durfte ich Hüter
allein dieses Hauses sein! Buch- und Kartenverkauf und
kleine Führungen durch das bunte Archiv eines großen
Philosophen. Das Haus, das die Titelseite meines Buches
ziert wird zur Zier meiner Gedankenwelt – in Sils – Ma-
ria im Oberengadin – mein innigstes Vermächtnis blei-
ben. Über alle Zeit hinaus.

Weihnachten in Sils

Kahle eingefrorene Gebilde:
Bäume. So sitz ich am Ersten
Weihnachtstag – still-
behütet. Wie ein Schatz
verstecke ich die Träume:
Blumen überall!

Weißgetüncht der Halm
das Haus
in klirrender Umgebung:
Winter.
In dem Fenster nebenan
ein Licht. Aus dem Kamin
quirlt wie ein kleines Wunder:
Arvenholzgeruch empor.

In mir ist Weihnacht eingekehrt
über alle Zeit hinaus.

Teil III – (Thesen 41–60)

Das Problem der Einfachheit: Mein unwissenschaftlicher, lyrischer-poetischer Gleichklang mit der Psychopathologie. Eigene Wörter bilden einen eigenen Horizont.

Sommereinklang, Strömungen des seelischen Erlebens?

An den Hängen, in den Tälern, ein Summen. Bienen, Hummeln fallen in mein Wort mit ein. Mag das Licht verzückt sich noch die Augen reiben, der Maler Sommer, lässt im Farbenschrei selbst das Wortlose im Farbenspektrum alle Seligkeit benennen. Der Park – das Wort – öffnet sich in alle Richtungen. Selbst Weiß, das farblos man zur Farbe nicht benennt, bekommt hier seltsame Symbolik, mit Reinheit beginnend, jungfräulich wortlos – und doch ist es da, was im Grunde nicht zu benennen ist.

Ich schweife mit den Blicken den weißen Flieder ab – hin und her-sehe weiße Tulpen, weiße Tauben, die sich einbringen, als ob sie dem Zauber auf der Welt Frieden bringen wollten. Sommer: welch ein Wort, und doch liegt in der différance auch Leid und Elend tiefst begraben. Das weiße Leichentuch schleicht sich ein, in diese Wunderwelt der Farbenlust: Mensch zu sein.

An den Hängen, Rosen, Primeln, Arnika. Und schon bin ich beim Gelb, so Gelb wie das Gold im Bunker von Fort Nox, stapelt sich dieser aufgefangene Sonnenschein hinein in mein Wörtchen Gelb, das Gelber nicht könnte sein.

Den Alltag vergessend gehe ich an Wiesen und Weiden vorbei, mit Löwenzahn goldbestickt, der sich mit weißem Bast in kleinen Fallschirmen in die Welt hinausbegibt, wie mein Wort, das den Menschen beflügeln möchte in der différance, Ihre 2. Sprache zu suchen – Ihr JA und Ihr Nein – und Ihr eigenes Vielleicht.

41

›ich‹ ein »Romantischer-Realist«

Romantik ist
ein Licht zu zünden.

Der Realist,
er bläst es aus

Ein »Romantischer-Realist«
ist in Beiden zu Haus.
Gipfel und Tal als Einheit zu sehen.

Berge hinauf und hinab.
Oben und Unten:
gleichauf, das ist des Lebens Lauf.

Drum halte ein, den Gipfel erreicht
die ›Leere‹ ist gar leicht zu übersehen.

Man sollte keinen Gipfel übergehen
dann bist Du bei mir
in der Romantik auch Realist zu sein.

Im Tale finden Wir uns Beide ein
und steigen gemeinsam wieder hinauf!

42
Wie sag ich's meinem Kinde
das nicht schwarze Rillen auf
schwarzem Stein erkennen kann?

Wie sag ich's dem Volke, das befreit
vom Frieden und von Krieg
nicht weiterleben kann?

Wie sag ich's dem Weibe, das jenseits
von Hass und Liebe
ich, geboren bin: zu sein?

Wie sag ich's dem Feinde
dass ich ihn brauche
um Mensch zu werden?

Wie sag ich dem Freunde , dass
ich in brauche, um zu ermessen
wo die Wahrheit eine Grenze hat?

Wie sag ich's meinem Kinde? Und
ich spürte ,der einzige Weg zu ihm
ist es Kind zu sein.

Und ich sah das Wortlose Wort
werden und Blüten wieder Knospen
und riesige Bäume Spross!

Wie sag ich meinem Kinde, dem Volk,
dem Weib, dem Feind, dem Freund? Da
fiel mir en: ich hatte alles schon längst gesagt.

Ich müsste jetzt nur noch
mich zu versteh'n und ich begann wieder
Kind zu sein.

43
Gedanken bim Überqueren der zugefrorenen Elbe
bei Bleckede am 7. Februar 1996
Gottfried BENN in Neuhaus an der Elbe
(September 1945)

Die ganze Welt des Jammers lag
zu seinen Füßen. Eingescharrt
in die Unendlichkeit sein Weib.
Flüchtlingsdrama nannte man
das Ganze literarisch. Und in die Kälte
dieser Welt drang noch mehr Kälte ein.

Da lag, was Wärme geben sollte, in
tiefstem Weh und in Verächtlichkeit
der Mensch , denn seine Ehefrau, sie
wollte von Berlin nur einfach über
diese Elbe, der Strom, der Grenze wurde
Grenze seiner Bitterkeit.

In der Küche fand sie Platz, auf dem
Kartoffelsacke. Sägespäne wärmte das
was nicht zu wärmen war: den Leib
man ließ sie bitterlich im Stich, sie zahlte
diese Reise: Elbestrom, doch, als sie ankam
war das Boot schon außer Sicht.

Zurück an diese Stätte Ihres Jammers
des Jammers einer ganzen toten Welt
war dieser lächerliche Platz besetzt
durch jemand anderem: ein Mensch.
Ihr Mann, der Arzt und ein Poet war
half; Sie nahm das Morphium, das in
dem Giftschrank lag – für jeden Fall.

Hier angekommen, Ende eines Zeitgeschehens.
Zweiter Weltkrieg war vorbei. Kranke Soldaten
gaben sich gefangen oder flüchteten in den
nahen Wald. Vor meinem Kinderauge
Drei Tage-Heimkehrtrecks. Und
in ROSIN, dem Nachbarort – eintausend
ungarische Soldaten. Flüchtlinge kochten
unter freiem Himmel: N o t !

Und wieder ER, der bebend stand am Grabe
an jenem Grabe: Unverstandenheit. Da
schrieb ER auf » …. überhaupt nichts in meinem
Leben erschütterte mich, wie dieser Tag.«
Sie starb im Amtsgerichtsgebäude – das Krankenhaus.
Ein Unbekannter schrieb an BENN, und
legte ihren letzten Brief mit bei.

Literarisch gesehen bleib ich an Gräbern steh 'n
ist jeder Tropfen eine Träne, und
der Elbestrom der aufgestaute Tränenfluss
meiner Kinderzeit. Ich werde an Gräbern
vorüber geh'n, Menschen sehn. Menschen?
… das wäre schön … sie lächeln zu sehn.

44
Arkadische Töne auf der Straße des Lebens

Es gibt einen einzigen Ton
… in der Musik …
das Volkslied Russlands
das Lied der Sonne ‚in
Neapel Zuhause, den
FADO-Gesang Portugals
und die Seelen-Sprache Lied
auf der ganzen Welt.
… Sie … Er.. Es …verbindet!

Ich spürte ihn als Kind
in einem Dorf, dort, wo
sich zwei Flüsse treffen
wo ich als kleiner Junge
mit einem russischen
Kriegsgefangenen, der
bei meinen Großeltern
zwangseinquartiert war:
Erntehilfe, Frondienste
zu leisten; da, spürte ich
diesen Ton, ohne
damals zu wissen was
(wie) mir geschah.

Wo er ging, stand, arbeitete
da malte er Kinder-
Gesichter an die Wand:
Schreie, Hilferufe, wunder-
same Töne, die den Raum
D o r f füllten. Eine unendliche
Melodie verband uns. Ein
paar fremdländische Töne – dort –
ein Kinderlied über meine Lippen
geträllert – hier – und doch
Einheit: ein einziger Ton.

Irgendwo töteten sich Russen
Deutsche – bestialisch – und
auch sie hatten (haben) diesen
Ton, in sich, und mussten
ihn unterbinden, um
das gemeinsame Lied, das
überall auf der Welt seinen
gemeinsamen Ton hat, unterdrücken.

Denke ich an russische Kriegs-
Gefangne, dann sehe ich
dieses kleine Dorf (Mein
Kinderdorf) in Deutschland, das
ebenso im fernen Russland
sein Zuhause hat, so
wie ich's später selbst er-
leben durfte; eine Troikafahrt
durch den eiskalten Winter
bei Moskau, Schnee
knirschte unter den Kufen
der drei Pferde, die einen

Schlitten zogen. Er hinterließ
eine Spur, Notenlinien für
diesen einen Ton.

Die Wodka-Flasche kreiste. Nicht
ganz Herr meiner Sinne
flog dieses Lied in den Abend.
Dunkle Wälder flogen vorbei. Ab
und an eine kleine Datscha: Ein
Licht in irgendeinem Fenster
einer kleinen Kate, die abseits
in der Dunkelheit in mir
das Lied Neapels wachrief.

Eine einsame Träne, unbemerkt
für meine Mitreisenden der
Troikagruppe, floss dahin …

in jenes ferne wundersame Land:
Einmal Arkadien Hin und Zurück!

45

15 Jahre Interessengemeinschaft zur Pflege der Niederdeutschen Literatur in Dömitz (seit 1947)

Auf Minenfeldern grasen
heute Schafe. Rotbauch-
Unken künden mir sirenenhaft
»Der Festungsgraben Festung ist
gewesen!« Literaten trafen sich, sie
die Ihre Sprache liebten – gegen –

Festung, Zäune, Mauern usf.
Mit Niederdeutsch
verteidigten Sie verbotenes
Gedankengut: Heimat,. Seele usf.!!

Verbotene Sprachen gab's
zu jeder Zeit und überall
auf dieser Welt. Plattdeutsch war
hier – Ihr stillster Protest:

… Zeile um Zeile … Wort für Wort!!

46a
WIR über UNS

Wir ...   rotteten die Indianer aus
Wir ...   töteten die Christen in Arenen.
Wir ...   schauten zu. Die Neger. versklavten
Wir! ...   In den KZ 's vergasten
Wir ...   die Juden.
Wir ...   töteten als Christen Sie, die
Wir ...   zu Hexen machten. Die Inkas töteten
Wir ...   um reicher noch als Reich zu sein.
Wir ...   töteten die Moslems, Bosnier, die
          Serben und Kroaten:

          Und Einer Schrieb:
Wir ...   sind das Volk. Und Tausende meinten
Wir ...   machten eine Revolution.
Wir ...   sagt bitte nicht Wir sind die Menschen
          verdammt, wer ist denn Dieses
Wir? ...   Dann führten, im Namen eines Gottes
Wir ...   Neue Heilige Kriege: Jetzt dürfen
Wir ...   die GUTEN wieder auch die Guten töten: so:

          WIR über UNS!

46b
Pfeiler in Dömitz Erde (1990)

Zäune laufen wie Zeilen über weißes Papier.
Jede Masche Draht ein Wort. Jeder Stachel E-. Zaun,
der als Wächter dienen sollt' eine Frage an das Mensch-
lichsein.

Jetzt treten dieselben Wesen den Draht, den Beton zu
Staub
… frag mich bitte nicht nach Mensch!

47a

Drei Freunde wollten im Rausch
in den Westen flieh'n. Schwammen
durch die Elbe? Einer ertrank …..
erschossen. Den Zweiten ließ man
im kalten Elbewasser, MP im Anschlag
nüchtern werden.
Nüchtern erwachte er, der III. im Ufer-
Gras. Er war unterwes eingeschlafen.
Schlaf fand er nun nimmermehr.

47b
Frühe

Ein Licht hob an.
Es wollte tagen.
Das Wort zerfiel
wie Sonnenwerben
um den Tau.
Ich ging.
War selber eingewoben
von Nacht und Nebel:
farbbefreit
noch körperlos.

Würd' ich auch wortlos
noch an diesem Morgen –
der Sonne – Gaukeln nahm
ins Licht mich auf. – Doch da
ertappte ich mich
buchstabierend:
Sonne, Nebel Himmelblau!

48
Vor dem Bunker meiner Kindheit
(Sückau – Amt Neuhaus – Elbe)

Hier finde ich das Licht
um meine Augen zu erlösen.
Hier fand als Kind ich
Zugehörigkeit. An dieser
Stelle wurde das Gebären
aufgehoben – hier – find'

Heute, ich, das Grün der Bäume
sie, die mich beschützten vor
dem Bombentod. Hier
fand ich mit Sand bedeckt
zurück zum Sein.

HEUTE sind die Kuhlen gras-
bewachsen und welkes Moos
liegt trocken auf dem Grabe.
Wir lebten tot, nur
noch nicht atemlos. Ein kleiner

Pilzhut, Heute, blattbedeckt schaut
keck in diese Runde, wie ich
der Damals aus dem Bunker kroch
um endlich wieder Licht zu sehn.

49
Letzte Worte an meinen Jugendfreund (2004)

DU gehst fort! Und?
alle Kinderspiele schwiegen.
Vorbei der Trost den ich Dir
über all die Jahre versuchte ein-
zu geben. Der Trost gilt heute mir
in all dem langen Streben Dir, mein
Leben lang ein Freund zu sein.

Du gehst fort ! Die Rögnitz schweigt
und selbst der Wald stellt ein sein Blättersäuseln.
Das Lied der Lerche wird zum Requiem.
Am Bachlauf strömt die wilde Minze mir
den Duft, die Nähe zu erhalten
und selbst die Grasnelken winden
einen Kranz , ich sollt es doch versteh'n.
So gehst du fort. Mein Kinderdorf ist leer.

Auf allen Wegen schaut verwegen
unsre Jugendzeit mich an. Das Alter
sollte, mir, ein Segen, stille Freude werden.
Beim letzten Auseinandergehen, Dein Wort:
»Ich mag nicht mehr!«

Jetzt bist Du fort! Und Stille legt sich
auf die Wiesen, wenn fröhlich ich beim
Lerchenflug mein Kinderdorf einst neu begeh'
um nachzuschauen, ob die Alten Wege, die
wir gemeinsam: Kindheit, Jugendzeit Sturm
und Drang. einst – gingen immer noch vertraut mir
sind:
trotz DDR und BDR, trotz Leid der Zeit.
Ob ich die ganze Leere Kinder-Lachen jemals
aufzufüllen mag?

Mit einem Male bist Du da:
Das Lied der Lerche, der raunende Wald
Das Plätschern des Baches, Die Fluss-
Muschel, die an sonnigen Tagen im klaren
Bach in Hieroglyphen Botschaften
in das Flussbett malt. Worte, die wir
damals nie entschlüsseln konnten.
jetzt verstehe ich sie: Wort für Wort.

50
Die Gläserne Amphore

Jenseits von Gut ist das Böse.
Jenseits von Böse ist das Gute.
Schattenfrei ist jeder Gegenstand
löscht du das Licht. Du lächeltest
schütteltest den Kopf und hieltest
mich für verwirrt. Nur das, mit
dem Schatten, das konntest Du nach-
vollziehen, du fragtest mich:

»Was muss ich tun um Dich zu versteh'n?«
»Tötest Du im Krieg bist du ein Held.
Ist der Krieg vorbei bist Du ein Mörder!«
»Ja das ist Recht so, das eine ist das Gute
das andere ist das Böse! Was muss ich
machen, um Dich zu versteh'n?«
»Dem Gegenstand nimm das Licht,
dem Gegensatz das Wort: dann bist Du
bei mir im Wesen:
in der Gläsernen Amphore: Zeit!«

51a

Immer mehr Steine! Steine
verwirren mich. Nicht jene
Steine der letzten Ruhe – Nein –
jene Steine auf denen ein letztes Lächeln
ist zu sehn, lautlos, leblos: Stein.

Immer mehr Tote! Tote verwirren
mich. Nicht jene Tote der letzten Ruhe – Nein –
jene Tote, die ordenlackiert, mit toten Augen
ausstaffiert Menschen wollen sein.

Immer mehr Ich! Ich verwirre mich.
Nicht jenes Ich der letzten Ruhe – Nein –
jenes Ich das für Tote schreibt, dahin –
geflossene Tinte: Stein an Stein!

51b
Das Lächeln einer fallenden Mauer

Sie töteten auf Befehl
die Ordensträger.
Sie töteten auf Befehl – und Mauer – frei.
Sie gaben sich als Mensch, sie
die die Befehle gaben
Sie handelten im Recht,

Das Recht bleibt oberstes Gesetz.
Das Recht erlosch – im Recht –
ein anderes Gesetz erhoben. Jetzt sind
die Ordensträger nicht mehr Mauer –
frei, nur das Gesetz aus dem Gesetz
geboren, macht das Gesetz für ALLE
Frei: so das Gesetz – Der Mensch.

Das Lächeln an der fallenden Mauer blieb!

52a

Wege: Ziel für mich ist Anfang des
Gedankenganges. EINS zu sein
mit dem, was meine Hand
bewegt im Schrei. Jene Stille
aufs Papier zu bannen, das der Nach-
Welt-ich – erhalten möchte
Anriss eines Augenblicks:
Erinnerung! Ziele gibt es viele
Wort bei Wort in der Ernüchterung
des Sichgestaltens einen Weg
zu finden, sich an s i c h zu binden
jener unausweichlich dumme
Zwischenschritt – zu glauben –
das Verstehen durch das Wort
kann Menschen finden, s i e
an die Vernunft zu binden: Selbst zu sein?

52b
Weihnachtszeit

Am Sternenhimmel ist ein neues
Leuchten aufgegangen. Aus einer
andren Ewigkeit ein Stern
sich mir am Himmel zeigt.
Ein Brennen in den Augen, so
begann das Beben. Anfang
einer zauberhaften Sternenzeit.

In jener Runde, die
mir irgendwann ein Licht gegeben
das kometenhaft am
Horizont verglühte – Staub
im All vergeht – seh' ich
sehe nicht aus einer Dunkel-
heit heraus die Erde schweben:

am Sternen-Himmel Leuchten
Weihnachtszeit!

53
Wieder geht ein Winter in die Jahre
Menschheitsträume sind zurückgestellt.
Von blond auf weiß getönt die Haare:
Zeit hat sich hinzugesellt.

Auf abgerissenen Häuserresten
den Ruinen, baut jetzt die Unzeit
Tag und Traum, um zu verpesten
uns, dem Mensch, die letzte Heiligkeit.

Am Rand des Wortes, menschgegeben
steht Mord und Perversion ganz oben an.
Das, war wir zur Weihnachtszeit heut` leben
ist Krieg dem Menschen: Mord voran!

Da stehe ich – gebeugt –
die Menschheit angeschossen,
die Gier nach Macht erreicht unterste Sprossen:
… wieder …wieder.. geht ein Winter in die Zeit!

54a
Werden im Sein

... Und ich ging die Straße der Wörter: Geboren!
... und ich ging die Woge des Lichtes: Werden im Sein.
... und ich trottete gemächlich hinüber.
... und?

... Und ich bog um die Ecke: Altes empfing mich.
... und ich schloss die Augen: um wortlos zu sein.
... und ich gab mir die Sporen: ich flog ins Vergessen.
... und?

... Und ich log, um die Wahrheit zu erkennen.
... und ich gab mich sündhaft: nur um frei zu sein.
... und ich sollte töten, da hörte ich auf Mensch zu sein.
.... und?

...Und ich ging die Neuen Straßen: unverstanden.
... und ich ging die Wege der Dunkelheit allein.
... und ich trottete gemächlich hinüber:
... Und? ...Werden im Sein!

54b
Geboren

Ich bin doch einfach nur: Geboren
wies Blatt am Baum, wies
Wort auf Deiner Lippen
Sonnenrand, um zu vergehen
in dem Atmen, das die Wiesen
grünen lässt – ein Blatt am Baum.

Ich bin doch einfach nur
gewachsen, wies Blütenblatt
wies Leuchten Deiner Augen
Paar, um zu verstehen
all das Blütenweiß, das in den
Wiesen paaret sich –Licht im Baum.

Ich bin doch einfach nur
gealtert wie– die Frucht am Baume
wies Denken Wort wurd 'und
Dein Abschied: Zeit – Vergangenheit.

55

Wortschlaf

Plötzlich wachst Du auf, die Rillen leer in Deinem Bu-
che., der letzte Blick verschlossen Dir. Und doch Du
weißt – es gibt ein Wort dafür …: »ICH SEH!«

Das Geld fragt:

»Am Webstuhl sitze ich
Weben kann ich nicht
habe ich jetzt das Recht
alle Webstühle aufzukaufen?«

»Nein« sagt die Stimme des Webers.
»Warum nicht?
Geld kann das!«

»Dann bauen wir Neue«
sagt die Weberstimme.

»Vorsicht, nicht so vorlaut«
antwortet das Geld

»Wir wollen darüber nachdenken!«
sagt die Weberstimme.

»Denken, wie teuer ist das?«
Fragte das Geld …!

Und ICH SEH, es hat sich nichts geändert.

56
*Hafis (der Alte persische Dichter)
sprach von 72 Sekten im Alten Persien

Wasser in Form des Fließens
die Sinne begießen, das ist Norm.

Der Augenbrauen-Bogen wird
zur Waffe. Die Wimpern werden
Pfeil mir beim Liebesspiel.

Im übertragenen Sinne wird das Wort
in die Rinne hineingeschossen
das Spiel in diesem Sekten-Profil.

Also schieße ich zurück mit dem Worte
Glück aus dem Eigen-Reservat, Freisinn
buchstabierend, damit sich im All
der Wörter-Wahl nicht die Menschen
verlieren, in der 73 Sekte: formal,

das ist der Sinn meines Brauen –Bogens
»Die Vergangenheit ist Morgen«
als Wimper in das Selbst
die Zeit zu ordern – ganz allgemein

die Differenz zu fordern, vor der eigenen
Tür in Deutschland all die Sekten
aufzulösen, die Mich quälen..

Und ich beginne mit der73: Profit!
um so, von oben zu beginnen
die Fäden der Macht zu entspinnen.

… bis ich bei Nummer 3, und 2 dann angelangt
die letzten Wimpern ich zurück behalte
die, gegen Mich gerichtet sind,

damit ich in dem Macht-Gestammel
meine letzten Wimpern sammle –
auf den Glitzerwiesen der Verdummung –
nicht im Weihrauch der Verblendung
Meine Differenz verliere: Selbst zu sein!

57
Redekunst

Sprachinsel, Sprachbarriere, Sprachsystem
was von diesen Dreien ist Dir genehm?

Sprachfertigkeit, Sprachkultur, Sprachrohr
welcher Fertigkeit gilt hier Dein Ohr?

Sprachwissenschaft, Sprachschöpfer, Sprachstil
welches Wort es auch ist, da bleibt noch viel
für die Redekunst bestehen, ob Recht
oder Unrecht: fürwahr.
Kunst kommt von Können, Der Knecht
ist das Wort ganz offenbar.

Von Sprachmanipulationen abzusehen
Sprachfertigkeit, sie, bleibt bestehen, im
Sprachzentrum, dort, wo die Neuronen in Wehen
Synapsen neu verknüpfen, um zu verstehen:

Sprachlenkung, auch das ist eine Kunst.
Sprachverwirrung liegt hoch in der Gunst
mit all dem Schönen, will man uns verwöhnen

Recht und Unrecht zu verbinden.
Die Macht (Das Wort) wird Schönheiten finden.
Korrupt dem Volk das Recht zu formen? …?
Dafür gibt die Redekunst uns dann: Rang und Na-
men …!

58
Einflussbereiche

Dort, wo der Bach in den Fluss mündet
liegt der Einflussbereich

Dort, wo in der Schule das Wort in die Köpfe
der Kinder fließt, liegt der Einflussbereich.

Dort, wo die Frau mit der Liebe spielt
lieg der Einflussbereich.

Dort, wo die Kirche mit der Angst hausieren
geht, liegt der Einflussbereich.

Dort, wo der Fluss (das Wasser) stoppt
(Umleitung etc.) endet der Einflussbereich …!

ER sucht sich Neue Wege, in der Liebe
beim Chef auch im Religionsbereich …!

… ebenso in der Kritik …!

59
Jahreswechsel

Ich schreibe mir die Sonne aus der Seele
auf dass der Regen Träne werden kann.
Blutgerinnsel bilden sich in Leib und Kehle
schreite ich gewisse Wege auf und ab.

In den aufgerissnen Straßen, Pflastersteine.
Barrikaden für und gegen irgendeine
Macht der Welt. »National ist die Gefahr
die UNS bedroht.« Nein sag ich und ruf

es aus, was sich mit ungezählten Lippen
Meinem Wort entgegenstemmt:
»Ist jener Weg EUROPA zu kreieren – nicht
die größere Nationalität und Macht?«

Weiter noch gedacht ganz international
ist's nicht dem Erdenbürger Mensch egal
wenn es um Drogen geht um Gold und Geld
dann wird sogar ganz *National* die ganze Welt.

Ich schreibe Mir die Sonne aus der Seele:
Tränen … Hier wie Da!

60
(Wörter)

Wie viel Grün muss noch verloren gehen
sehe ich die Wüsten (Wörter) dieser Welt?

wie viel Staub (…) muss noch das Auge trüben
uns selbst zu belügen?

Wie viel Sand (…) weht in den Horizont, der auf-
gehalten Muttererde könnte sein? Wie viel?

Wie viel Wasser (…) geht uns noch verloren, gebe ich
dem Sinnen nach, die Wüsten nicht zu begrünen.

Wie viel Staub (…) muss noch die Welt ummanteln,
um die
Kriege zu besiegen, die umschließen jede Weltreligion?

Wie viel Tote (…) müssen noch beerdigt werden, um der
Welt die *Hierheit* zu erklären die das Ich als Grün der
Erde kürt?

Wie viele Wörter noch?
Wisst Ihrs? Ich weiß es nicht!

Teil IV a + b – (Thesen 61–80)

Königsberg (Seminar März 1997)

Höhen und Tiefen durchlebt ereilte mich mein Schicksal in einem Moment, wo der Himmel so nahe schien, dass ich der Sonne Wange glaubte zu kosen. Auf den höchsten Gipfeln ist der Tod ein naher Verwandter, wenn man dann nicht die größte Anstrengung (Nüchternheit) über sich ergehen lässt (lassen kann) die den Flug verhindert, zu stürzen.

Hölle auf Hölle, Alkohol und Fress-Sucht, Ehen als Sprungbrett sich emanzipierender Frauen, erlebt, durchlitten … um am Ende nicht hassend aber gedemütigt, erniedrigt, Fuß bei Fuß einen eigenartigen Berg (unwissentlich) zu erklimmen. Da stand ich, mittellos, angegraut die Haare nicht allein durch Zeit – und sah im einfachen Schauen mich. Trotz Schlaganfall, Herzanfall etc. war ich auf dem Lichtbogen Welt in ein Klima geraten, das mich in eine nie gekannte Seligkeit hinaufhob: zu leben. Da stand ich, Alkohol und Fress-Sucht wurde zur Nebensache. Krankheiten entwickelten sich zur geistigen Gesundheit. Selbst zwei Jahre – Wortlosigkeit – war mir bis heute Klause und ich Klausner, der gewollt der Sonne immer näher rückte: Königsberg!

Königsberg … heute ist der Tag gekommen an dem das Herz dem Verstande wich. Ich hörte von Straßenkindern, von Rentnern, die mit 30 DM Monatslohn (wenn sie ihn bekämen) ihr Leben fristen. 80 % der Schüler dort – dort? nicht mehr gesund. Königsberg, eine Insel in Europa? Nein! Königsberg ist Europa! Alle Völkerschichten sind dort vertreten, von den Deutschen angefangen zum Juden(der dort als eine selbständige Minderheit geführt wird) über Ukrainer, Weißrussen, Polen, Litauer, Russen bis zu Christen, Moslems, Orthodoxen …!

Am Nordbahnhof Streit um den Platz für eine Kirche oder

Kathedrale. Das Land Schleswig Holstein unterstützt den Aufbau von Kirchen und Denkmälern usw. In einem Ort ARNAU soll eine Kirchenruine und ein altes Haus aufgebaut werden(man kauft die Menschen aus der Behausung heraus). Für Denkmalpflege sammelt man Gelder. Am Tiergarten ist dem Begründer des Parks wieder ein restauriertes Denkmal (für viel Geld) gewidmet. Ich höre Straßenkinder. Drei Tage höre ich sie.(in einem Seminar über K.) Europa? Ämter (Beamte) streiten sich um Kirchen (Christen, Orthodoxe usw.: Europäer?) nein, sie streiten sich, um Pfründe zu erhalten.

Ich sehe Straßenkinder, elternlos, hungernd durch die Straßen ziehen ... und dann wieder irgendein Kopf, der restauriert irgendeiner Person einen Orden oder Posten einbringt(Europa?) Königsberg, Insel zwischen den Welten. 40 000 Mann (ungefähr) Militär, die auf Sold wartend eine Gefahr bedeuten könnten.

Zwei Millionen Bücher. Kriegsbeute – Moskau – Politik! Wieder sehe ich vor mir: Straßenkinder .... hungernde junge Europäer, die die Hoffnung der Zukunft EU auf den Schultern tragen?

1 000 Jahre Danzig. 800 Jahre Riga, sie zählen auf – wo – was zum Feiern hin delegiert wird. In Deutschland gibt es unendlich Viele Magersüchtige, denen man zum Kotzen Steuergelder in die Therapien hineinzwängt. Fettleibige, die in Kuren die Pfunde mit Steuermitteln ... usw.! Und wieder sehe ich Straßenkinder: Königsberg! Wir – damit meine ich alle Nationen (Menschen) wir, wir wollen Denkmalpflege vom Panzer bis zum Kaiserbild, WIR ,.. und keiner schlägt sich bei den Straßenkindern ein. Kultur? Oh ja, aber fangen wir dort an, wo die Wiege steht. z.B. bei den Straßenkindern in Königsberg ... in Napoli vielleicht sogar in Hamburg!

Wenn wir Europa wollen, dann lasst uns nicht n u r vor Standbilder knien.

Ob ich Bücher liebe? Da fiel mir wieder Königsberg ein, sein größtes Straßenkind: KANT – und heimatlos seine Kinder:

»Die reine Vernunft, Die reine Urteilskraft ... und der bestirnte Himmel über mir.«

Teil IV b

Vorspann. Teiresias lächelte ... ich seh!

Meine erste Liebe war ein süßes Dahingleiten. Licht zu empfinden: durch das Musische in mir: Die Musik, Die Lyrik!

Geboren im II. Weltkrieg, als die sogenannten Menschen sich gegenseitig abschlachteten. Gelebt in einfachen Verhältnissen, wo das Lyrische eigentlich immer die Oberhand behielt- Nein – mehr noch! Es war für mich Lebenselixier, Gegenpol zu meiner tiefsten Gleichgültigkeit.

Teiresias lächelte ... er sah!

Jedes Wort hat jene Vielzahl von Möglichkeiten der Interpretation in sich, wie es Menschen auf der Mutter Erde gibt.(Für Prometheus war die Erde seine göttliche Mutter). Nur Mythos? Aischylos hat sich bei all dem Aufgezeichneten sehr viel gedacht, das auch ohne Mythengrund in die heutige und morgige Welt passt. Wie viele Menschen haben Augen zum Sehen, so sollte man meinen, und sie sind doch blind, geht es um Geld, Gier nach Macht usf., die Religionen nicht ausgeschlossen.

Teiresias lächelte ... er sah!

Mit dem Gedicht leben heißt nicht, täglich ein oder sieben Gedichte zu lesen, oder auswendig zu lernen – nein – Es wird Teil ... eine siebenfach vertiefte Sinnlichkeit, zu sehen.

Teiresias lächelte ... er sah!

Straßenjunge war ich, im Kampf ums Wort, um endlich sehen zu können. Im Straßenkampf, die Kunst (Das Gedicht), zu leben, und nicht Parteigänger der Masse zu werden, im ewigen Gewäsch des: Blablas!

Sehen, nach 70 Jahren Straßenjunge, gewesen zu sein, das bedeutet nicht, klüger – weiser – größer als die Anderen zu sein: Nein! Sehen bedeutet, das Licht was nach Philipp Otto RUNGE nicht zu bezeichnen ist, mit den Händen aufzunehmen, und um damit dann siebenfach verlängert (vertieft) die Sinne zu beleben.

61
Im Niemandsland
da
blühen wieder Blumen.

Tellermienen
die
den Menschenfuß
zerrissen rosten jetzt
dahin.

Der Schlagbaum
zerschlagen, er
grünet aus.

Grenzpfosten:
hammer-gesichelt
schmücken
heut
mein Gartenbeet.

Tränen wurden
Staub:
Niemandsland

Blut bleib stumm:
Schrei an Schrei!

62
TEIRESIAS

Sein Lächeln? Ein Weinen!
Seine Blindheit, Maßregelung
Göttermenschen nicht in die
Karten zu schau'n.: wie heute
auch. Zeus und Heras Frage »wer
beim Sex die größere Lust empfinde?«
»Die Frau«: so Er – Teiresias

der, nach Angriff einer Schlange, von
zweien beim Liebesspiel, sie schlug:
zur Frau sich wandelte. Nach sieben
Jahren, das gleiche Spiel ihm wiederfuhr.
Die Rückwandlung zum Mann
geschah. So hatte er (Mann und Frau)
vereint: Schiedsrichter den Göttern zu sein.

Nicht sehen – nicht hören … blind ging
Er sehend durch die Zeit: im Götterstreit.

63
Anderssein: Teiresias ich seh!

Ich gehe auf und ab.
Der Regen peitscht
Gefühle: Wiesen!
Anderssein zollt hier Tribut.:
ich seh!
Anderssein ist nicht
bedeutend, ich bin gut
die anderen böse – nein –
Anderssein ist einfach: Selbst!

Anderssein ist auch nicht
größer, kleiner.
Anderssein ist einfach
aufgewacht im Schrei
dort, wo andere besänftigt schlafen.

Anderssein bedeutet
auch nicht: »ich bin anders!«
Anderssein ist wortlos
und doch Schrei in dunkler
Nacht. Trübe Wolkenketten
fangen Regen ein
sammeln sich zum Ich.

Anderssein ist einfach
wortlos denken. Anderssein
ist auch ein Licht
das man am Tage sehen kann
wenn alle sich auf dunkle
Nächte vorbereiten spür ich
das Prickeln in der Hand
die schreiben will.

Anderssein ist einfach
ich bin da, wo sind
die Anderen: Anderssein
ist auch kein Zustand
der empfehlenswert.
Anderssein ist auch der
Nachtspaziergang: Wörter
eingereiht im Licht der Zeit.

Ausgetrunken ist das
Gestern … Teil … Geworden.
Lichterketten weisen
wortlos meinen Weg.
Das Wie und Wo in
aufgerissnen Händen
findet sich ins Wort zurück.
Anderssein ist einfach: Schau
Dich an, erkennst Du
Dein Gesicht?

Teiresias lächelte … und ich sah!

64
Heimwege

Begegne mir in meiner Hand
du Zauber eines Lichtes.
Erquicke Dich
in Zärtlichkeiten: Zauber-Fee.
Ungeachtet fliegt
mit leichten Schwingen
ein Gesicht vorbei: Friede ist's

Erhebe jetzt die Hand:
Begegnung! Hamburgs
Hände grüßen.
Eine Zeile fällt
ganz wortlos vor mir
aufs Papier, wird frei
und fliegt davon

in ätherblaue Nachtgedanken:
schrankenlos! Traumerwacht!

65
Der Schlüssel, Schlüssel zu erkennen

Ich jagte Lichtern nach
ihren Samen sammelnd.
In schwarze Erde legte ich
sie ein. Keim bei Keim.

Nach langem Bangen spross
die Saat, von Lichtern, ein-
gefangen. Schatten ...
Schatten war die Frucht.

Da jagte ich den Schatten nach
ihren Samen sammelnd.
In schwarze Erde legte ich
sie ein. Keim bei Keim.

Nach Langem Bangen spross
die Saat, von Schatten ein-
gefangen. L i c h t ...
Erkenntnis war die Frucht:
Schrei und Stille stets
als Einheit zu versteh'n.

66

Schau auf meine Hände, wie sie versuchen
Licht in diese Zeichen zu bringen.

Abstrus ist der Gedanke, Rein zu geben, das,
was lohnenswert zu bezeichnen wäre.

Liebe und Leid: dasselbe Kleid.
Not und Pein, Macht und Gier
nimm meine Hand fort vom Blatt
Licht wird kaum zu finden sein.

In den Annalen der Weltweisheiten
ist die Wahrheit an Dogmen gebunden.
Schau auf meine Hände, nichtgefaltet
schauen sie in die Natur, um zu gesunden

am Nichtwort, das die Religionen führt
die Menschen im Mord zu Helden kürt.

Ich mag heute nicht auf meine Hände schauen
sehe ich auf die geknechteten Dogmen ,sie
die Paläste mit gefalteten Händen bauen.

Wieder geht ein Leithammel voran
der im Wort einen Neuen Text ersann:
für die All-Einigen Wahren?

»Seht her: ein Mensch«. Und dann?

67
Auf allen Wegen liegen Wörter: Steine

Am Hang des Aufbegehrens verweilt ein Block
ein Fels. Und auf den Dünungen der Meere
bellen Schaumkuppen ihr Echo in den Horizont.

Auf dem Balkon verharre ich im Tränenmeer
nie gekannter Ängste. Der Wind bläst ein
den Kranz des Ungesagten in den meinen Sinn.

Honigwein, Met, Du Blüten-Pol der Zärtlichkeiten
verweile auf der Zunge des Gedichts, mir
den Funken Andacht einzuweben. Leben zu versteh'n.

Ausgeburt des Lächelns, Du mein ganzes Geben
verringere den mir gegebnen Schwur: gelebt.

In den Bergen umströmen Winde, unver-
standene Gedanken, um auf den Gipfeln
Melodie zu werden: Hohn bei Hohn.

Lichtbegrenzte Äußerung:
Der Ball ist geworfen.

Fang auf das Wort bevor es kalt und leblos
im All verglüht.

Auf allen Wegen Steine:
Deine … meine …usf.!

68
Sonne des Baltikums(1990)

Sonne treib den Mond
in die verdiente Ruhe.
Zeig ihm klar und deutlich:
»Hier bin ich der Herr!«

Leuchte aus die Schatten, die
Gestalten wurden. Gib dem
Traume: Taggesicht.

Lass auch die Gesichter wieder
Wärme atmen. Auf die
Wörter legte sich
die Nacht; Nacht so freudlos
in Bewegung, wie der Tod.
Licht ist lang schon angebracht.

Sonne, du bist das Gebären.
Dies Gebären wecket
meine Hand, sie, die tief
gekoppelt mit dem Auge
Wörtern Wärme geben kann.!

69
Erinnerung an die Musik

Manches Mal
wenn das Herz
aussetzte
im Schmerz
im Liebesleid
fand ich zurück
zu den
Laternen
den Straßen
dieser Nacht
in der – ein Glüh-
Würmchen
wortlos Gedanken
durch die
Seligkeiten trug.

Manches Mal
stehle ich mir
diese Zeit aus
der Vergangenheit:

lang zurück
aber auch
weit voraus!

70
Rainer-Maria Rilke in Solio

Ein Zimmer, verloren
im Orte des Schweigens
vom Reichtum des
Wortspiels berichtet.

Die Fahrt dorthin
in Taumel –Höhen.
Sternenzelten entgegen:
Vergessene Elegie!

Sonnenplatzworte
hingemalt an den Ufern der Zeit
spiegeln das Gestern:
Vergangenheit!

Verlorenes Raunen
im Maloja-Wind.
Am Eingang des
Ortes zärtliche Musik.

Himmelbett des Vergessens
schweigt – verloren, verlassen
in die Träume dahin – wie
ich: in meinem Wort!

Maloja-Wind!

71
Letzter Urlaubstag in Sils – Maria …Schweiz

Ein letztes Mal steig ich
in diese Stille. Wandelgang birgt
Die Unendlichkeit: Das Wort!

Zum Nietzsche Stein
auf der Chastè geht meine Lust
im Worte frei vom Wort zu sein.

Tiefes Schweigen:
Sechs Uhr – Frühe. Füße
schreiten Andachts-Stille ab.

Antwort?
Leichter Wellenschlag.
Silsersee im Lichterfest.

Angelangt am Ort, wo
Menschen reden, schreien
»seht her – der Nietzsche-Stein«

Ein stilles Lächeln mich hier weitet.
Wortlos Er, der hier schweigend
in die Fernsten Ferne: s a h !

Sein trunkenes Lied in Stein
gemeißelt: »Was spricht
die tiefste Mitternacht?«:

So fuhr ich fort! Ein letztes Mal!

72
Im Gratwind

Ein Vogel trällert.
Ein Weißling schmettert
durch den Wiesen-Blumen-Grund:
unbeirrt.

Sein Flackern ward'
ihm leichtes Torkeln
obwohl es Waffe
sollte sein.

So torkele ich von Wort zu Wort:
Ein Stammeln.
Da fiel mir ein:
mein Wort sollt ein Waffe sein?

Verwundete Menschen
überall ...
versuche ich stammelnd
zu sprechen!

Da merkte ich: im Gratwind
war ich immer allein, wie der Weißling
in seinem Torkeln.

73
Kinderzeit

Ein Sack aus Stroh, das
war mein Kinderbettchen
mir: Matratze.

Ich fühlte mich wie
jenes Vogelküken, das
sich ein Mulde grub

und Wärme fand. So
sitze ich im aufgetürmten
Weizenstroh am Morgen

frisch und weich
auf frühem Felde.
Dreh meinen Körper – so –

wie damals tiefst in eine
Mulde ein, allein
und doch zu zweit:

Kinderzeit!

74
Noch einmal gehe ich die abendlichen Wege

zerknirscht, verbittert in die Vorweihnachtszeit
um all der Freude Herr zu werden! Rege an
die Glut – lege auf – den wahrhaften Scheit
der Dir die Augen öffnen möge: ein Singen.
Funken sprühen in die Dunkelheit – bereit
zum Fluge in ein weihnachtliches Klingen
wenn auch Verwunderung Dir – nach Rache schreit.

Und auf den Straßen rosarote Pflastersteine.
Gebeugtes Haupt – es richtet sich – schaut voraus.
Die Kerzen vom Weihnachtsbaume sind Deine
Gefühle, kreise sie ein, sie sind Dein Zuhaus'.
Gemächlich schmilzt der Schnee in Deinen Einge-
weiden.
Wer Glück will, der muss vorerst Weihnachten erleiden:
Die Geburt! Kristall in den Haaren, so gehst Du in den
Tag:

Jugendwonne. Erdgechwängerter Duft im Wald.
Horizontfähnchen: glockenreine Weihnachtszeit!

75
Verkaufe mir dies Haus,
dies Fachwerkwunder meiner Träume.
Ich gebe Dir men Wort
ein Buch von mir.

Du bautest Häuser, ich dagegen
schmiedete die Reime.
Ich gebe Dir mein Licht – und
meine Sorge – für ein Heim

auf dass du alle Tage froh
stehst auf dem Dach der Seele
ganz ausgelassen, wie ein Kind
wenn es den Wind anbläst

um in dem Lichtermeer, auch
fern der Tage – Dunkelheit
umschiffen kannst – den Fels!
Da war mir klar, ich war

schon lange – dort –
in meinem
wunderbaren Fachwerkhaus:

Das W o r t .!

76
Beschenkt

Ein goldener Teppich der Befruchtung
legt sich über alle Felder. Ein Hauch
von Goldstaub macht aus Blüten
Korn. Verloren gehe ich am Ackerrand
spazieren und steige mit der Lerche auf
um dieses Wunder – ganz – zu sehn.

Die Ähren wiegen sich im Winde, wie
Mutter, als sie mich im Arme hielt.
Ein leichtes Lüftchen sonnt sich dort
am Horizont – geborgen in dem Wort –
das mit der Lerche aufwärts zog
um in den Wattewölkchen jenes Lächeln
aufzunehmen – für diesen Augenblick..:
Beschenkt.

77

… »**ich weiß,** dass ich nichts weiß …!«
Die Wege des Geistes sind nicht im Wort
zu fassen. Und wenn du meinst, jetzt
band ich ein – ihn – in einen Reim, verlasse
dich darauf, es ist die Melodie, vielleicht
ein zarter, reiner Klang von dem, was man
nicht fassen kann.

Die Wege des Geistes sind nicht wort-
gebunden. Denn wenn du meinst: jetzt
hab ich seinen Satz gefunden, verlasse
dich darauf, es war ein Farbenhauch, vielleicht
vom Regenbogen, bevor er sich ins Licht befreit.

Der Geist ist willig, doch das Wort ist schwach.
Und wenn du meinst im heißen Ringen, mög'
es dir im Wort gelingen, ihn zu packen, zu
umschlingen, wie ein Paket, so wird es stets
nur die Verpackung sein: Das Wort!

Der Geist? Mag sein ihn gibt es nicht. Das Wort
ist lediglich der Hort, um Keime auszulegen, jene
Geister anzuregen, die in der Verpackung eng
verschnürt: Maiglöckchenklang und Licht
ergeben. Vielleicht … »ich weiß, ich weiß es nicht!«

78
Ich war schon lange, lange
nicht mehr so alleine. Der
Wind umheulte die Fenster
wie ein weidwundes Tier.
In den Sternen schien das Licht
zu stocken – blendend –
fiel herab ein toter Stern.

Du bist gewesen, Funke, du
im Hoch der reinen Gaben: Erste Liebe!
Du Schwanken auf dem Drahtseil
letzter Akt. Wohin fällt jetzt
das Licht? Fließt an der Erde Glut
vorbei! Parallelen treffen sich nicht!
So steh ich da – durchströmt –!

Ich war schon lange, lange
nicht mehr so alleine.

79
Morgendliche Flur

Die Eiche mit Hochsitz
vor meinem Auge.
In großen Wasserlachen
Schwäne im Liebesspiel.

Paarweise pflügen sie, im seichten
Wasserkräuseln,
an meinem
inneren Bild vorbei.

Der Schrei des Kranichs: Ferne.
Trockenes Schilf malt gelb den Horizont.
Da tönt, im Anflug, den Himmel
zu erstürmen, die Lerche vorbei.

Ein Federball gefüllt mit Glockentönen
steigt in den Frühlingsmorgen auf
webt Andacht in die Flur, dort
wo sich die Stille

in mein Wort hineingebärt.
Eiche mit Hochsitz:
Kanzel … Altar!

80
Königlich ist mein Verlangen
mit dem Schweigen anzufangen.
In der Glocke Ton verkündet
mir der Abend: Nacht!

Dunkelheit ist aufgezogen
hat die Welt des Lichts betrogen
auf dem Weg in die Analen
selbst ein Bild zu malen

das mir Anfang und Vergessenheit.
In dem Sinne: Machtparole.
Je das Antlitz sich befreit
wie der Schrei des Adlers, der

Prometheus aus dem Leibe reißt
Stück für Stück den Glauben
außerhalb des Schreis zu schweigen.
Hände sich dem Feuer neigen.

Selbst ein Wort wird irgendwann
zu Fabeln. auf der Suche nach Parabeln
so der Tag sich von Nacht befreit:
Ein letztes Schweigen noch: S'wird Zeit!

Teil V – (Thesen 81–95)

Ausgänge / Eingänge, wieder enden irgendwo die Parallelen, bilden die Unendlichkeit für alle die, in mathematischen Gebilden, enden lassen wollen, dort, wo sie nicht weiter denken können – wollen – dürfen – müssen usf.! Umwelt – Partei – Sekten etc.!

Am Ende ›ich‹ um einen neuen Anfang zu bilden, nicht im Zeugen eines Sohnes. oder einer Kathedrale Dach: nein, nur mein kleines ›ich‹ als Wort, das immer Ausgang wie auch Eingang, zur selben Zeit, sollt sein: so wie das Huhn und das Ei, zur selben Zeit: Dort wo Ausgang und Eingang, Einheit war, ist und bleiben wird.

Ihr seht es nicht? Warum nicht? Wollt Ihrs wissen? Weil's dafür nie in Wort wird geben, das nämlich ist das ›Große Wunder Leben‹ : die Alltäglichkeit! ›ich‹ fand mich hinein: Ausgang und Eingag zur selben Zeit zu sein.

100 Milliarden Gehirnzellen (so die Gen-Forscher) die Neuronen, sie halten aufrecht, eine Billiarde Verbindungen (die Synapsen), damit dieses Wort nie zustande kommen kann.

Das ist das Große Plus, wenn man Leben leben kann; wie das Blatt am Baume sich offenbart, neuronengleich, so dem gesamten Baum ein Lächeln anzubringen und sich damit selbst befreit.

81a
Ausgänge / Eingänge

In den Welten der Enteilten
sind die Wörter Schall und Rauch
trinken sich als Lustgestalten
in den Raum des Alltags Bauch.
So die Fliege an der Fensterscheibe
vor dem Lichte auf und ab, sie klagt
bis die Kräfte ihr versiegen!
Gevatter Tod ist angesagt.

Ganz allein die Variante
Angesichter anzuheben
ist dem Raume so Konstante:
Dein Verstand beginnt zu leben!
Er gibt klar Dir diese Weisung
frei von jener Lichtvereisung
Glück vor Augen ›Licht bei Licht‹.
Gleich den Gipfeln auf den Bergen
Thema jener Fensterschergen :
Übergehen ist bei jedem Grat
einfach simpelster Verrat.
Deine Sinnlichkeiten beben
Licht allein dem Sinn zu geben
Manches Mal ist jener Schritt zurück
ein Voraus: Dein neues Glück!

Meine Synthese schaut voraus:
»Jeder Eingang, so, fall ich ein
könnte demnach auch ein Ausgang sein.«
Das ist so bei jedem Haus.
… auch bei der Fliege: beileibe
an der Fensterscheibe!

81b
Fliege Mensch

Als Fliege flöge ich nur morgens aus.
Die Netze der Spinnen noch
taubezogen. Ich träume, wie des Nebels Tau
überall und ungezwungen.
So gehe ich nur morgens in das stille
Wolkensonnenschaukeln, über
Schotterwege in das Grün,
Fliege oder Mensch zu sein ...
netzbefreit ...!

82a
Dort, wo Ausgang / Eingang, Einheit wird: (Poesie),das Leben selbst.
Poesie ist das Einzelne, in Masse Verkleidet, wobei der Autor selbst im Wortgebrauch zur Masse wird.

Er hat viele Bücher gelesen. Lesen muss nicht Verstehen sein.
Er hat keine Bücher gelesen und Er war trotzdem ein Genie.

Liebe, ein Wort so verschieden, wie Menschen auf der Erde ihr Zuhause haben, und doch, für alle Sie – nur – ein individuelles Wort.

Durch Metaphern versucht ›Die Poesie‹ das zu entschlüsseln. Aber das Wort Liebe in der Poesie bleibt Einzelnes stets, und klingt es im modernen Kauderwelsch, für sich, wie der bunte Farbklecks an der Wand.

Kunst ist in mir nicht das Wort Liebe, Leid und Seligkeit in Allgemeinheit umzuwandeln, nur um IN zu sein. Das Leben selbst es reiht sich ein in Liebe alt zu werden, wie Hölderlin ganz allgemein verkündete:

»Und am Ende sollst Du lieben, ohne das Du geliebt wirst!«

Und an dieser Stelle das Machtwort von Sokrates:« ich weiß, dass ich nichts weiß …!« Beide Sätze sagen mir: sie werden geliebt (Er durch sich)I –und er weiß, dass er nichts weiß. Ich sage Er weiß!. II –
Ich liebe also lebe ich … und wieder fliegt ein Massewort

vorbei, wird Einzelnes, wenn man nicht die Einheit in sich selbst erkennt. Die Wörter sind dieselben, nicht die Gleichen; denn am Ende einer jeden Poesie steht Dein Einzelnes ... erkennst Du es? dann alleine hat Poesie den Sinn des Einzelnen erreicht: Poesie zu sein. Ansonsten sind es Wörter wie Müllabfuhr und Straßenreinigung. Poesie ist keine Kunst, Poesie, s i e ist das Leben selbst.

82b
Sonnenaufgang / Tagbeginn
Wiesen atmen aus in weißen Fäden – Dich –
Du Hauch der Erde: Heimat.
Er, der Neue Atem sanft daneben
vom Reif des Morgens eingehüllt.
Kalt. Gefroren von dem Schauer letzter Nacht
so vollziehen sich im Morgennebel
kleine Diademe.
Erste Morgenröte tönt sich frei:
gelöst umarmt der Himmel mein Gesicht.

Poesie ? Nein! Nur ›Ich‹!

83a

Geöffnete Hände fangen auf das Selbst
da die Trunkenheit von Traum und Liebe
diesen Apfel vom Erkenntnisbaum –verfehlte –

Streife so, ganz sacht
mit Bedacht ihn vom Zweig
damit an jener Stelle
nach der abgeflachten Welle
aus dem neuen Spross
geformt, eine neue Blüte werden kann.
Der Gedanke Rein, er wird Dir Leben geben
selbst Apfel in der Morgenkühle
›ich‹ zu sein. Beiß nur hinein

… ein wenig Weisheit kann nie schaden!
Wie sie schmeckt? »Ich weiß: das weiß ich nicht!«

Dieses Wissen bleibt mir
mein Leben lang: Bestand!

83b

Das Viele Weinen hat mich groß gemacht.
Nicht jenes, das dem Kind die Tränen
in die Augen trieb. Nein! Jenes, das
in meine Seele floh – ein Mensch zu sein.

Ich spürte noch den heißen Sand der Kindheit
unter meinen Füßen, wenn abends ich
im Sandweg unsre Kühe heimwärts trieb.
Granit pflasterte die Straße damals.

Heut ist Asphalt auf beiden Seiten und
die Kühe steh'n in Legebatterien: Milch-
Wirtschaft. . So geh ich heute tränenlos
geworden hinein in tötende Gespräche
die dem Testbild gleichen im Aktions-TV.

Meine Hand reiht sich in diese Landschaft ein
das wahre Lächeln zu beflügeln, das nicht ganz
tränenlos, der Sonne gleich,
durch Regenwolken gaukelt.

84a
Spaziergang durch die Elemente

Schrankenlos umglühen meine Hände
Erdeatmen, jene luftgekühlte Sinn-
lichkeit. Eine Kreatur aus Ton geboren
feuereingeschworen. Tränenwasser
leidgeprüft. Unhörbare Stimme
zartes Flüstern – Wellenton – glimme
als Metapher einer Handbewegung

Wörter aufs Papier, der Seele Regung
Botschaft der Natur: Echoraum.
In der Kammer, wo die Elemente
heimisch, Widerhall ergeben, Wege
in die unerfüllten Träume – aufzuweisen –
ist der Schrieb auf meinem Element
Papier, nur ein stilles Sich-Entgleisen

Spaziergang mit dem Wort, hinaus
in den Echoraum: Natur!

84b
Meine Poesie

ist nur › Wörter bewegen‹
Licht und Schatten anzuregen.

So der Stoff im Dunklen liegend
sich im Sonnenlichte wiegend.

Poesie ist so im Grunde
Medizin für Kranke und Gesunde.

Einheit liegt alleine im Erkennen
Glanz und Leiden zu benennen

denn die wahre POESIE, die
erkennt man wahrhaft: nie.

Wenn man nicht im Aufwärtsblicken
in dem tiefsten Lustverzücken

mit dem Fuße erdig bleibt
all die Sinne einverleibt.

Mensch zu bleiben, wie im Grunde Sie
›Moll und Dur‹ im Angesicht der Poesie!

85

Zersprungen ist das Glas
die Sehnsucht noch im Arme.
Aus den Scherben schreit der
kalte Sprung des Bleikristalls.

Wieder trinkt sich die Entgleisung
in die Glasmenagerie
des Glaubens, trunken schreite ich
erdgeschwängert in das All hinaus.

Meinem Dasein engst verbunden
schmeichelt das Orakel mir
in sanften Tönen: gefunden ist
das Ich im Ich – im Glaspalast.

Gefunden ist das Diesseits: Eine Scherbe.
Das Ich im Ich liegt auf der Erde Ball
besonnt sich in dem großen Erbe
im Glaspalast, dem Bleikristall.

86
Frühling: Gestern und Heute

Im Brack die ersten weißen Blüten.
Im Schilf die ersten Spitzen: Grün.
Im Wald die ersten Knospen aufgesprungen.
Mir gegenüber lacht der erste Mensch.

Am Himmel erste Flecken blaugemustert.
Am Boden erstes krabbelndes Getier.
Am Waldessaum ein erstes Jubilieren
Mir gegenüber, das erste Liebespaar

Hinter dem Brack abgebrochene, tote Birken.
Hinter dem Waldessaum Müll, unversorgt.
Hinter dem Schilf am Ufer gluckst Chemie.
Mir gegenüber lacht heut'niemand mehr.

Ab Morgen wird das Heute gänzlich anders sein?
Wenn ich so die Menschen seh' in Ihrem Wahn
nach Macht und Gier, selbst Gott allein im
Selbst zu sein? Dann kräht der Hahn vom Mist:

Das soll's gewesen sein:
Der Frühling, so, ganz allgemein!

87a

Zuhause

das ist eine Bank am Wiesensaume
sie, ungehobelt, Holz, das sich ins Bild
einfügt.
Zuhause, das ist jener Weg, der vieh-
zertreten führte schnurstracks heim.
Zuhause das ist auch das Klopfen
früher Spechte, Schrei des Kranichs
und der Becher Milch am Wegesrand
gereicht, wenn nach getaner Arbeit
sich die Sinne schärfen: einfach nur
ZUHAUS zu sein.

87b

Bilder der Seele sind die unaustauschbaren
Gewänder einer Blütenpracht nie gekannter
Blumen.
Geöffnete Seelen bilden Rahmen Dir, für
diese geöffnete Tür, einzutreten: körperlos.
Dem Licht das Gelöbnis zu geben dich
aufzulösen in Dein Ich hinaus.
Bilder der Seele sind Biotope einer Anbauart
von Kerzenschein im Rampenlicht von
Wörtern nie gekannter Zärtlichkeit.

… und es sind noch nicht einmal Bilder!

88a

Ich träumte, dass ich träumte
vom Erkenntnisbaum.
Vor mir eine Frau mit einem Apfel
in der Hand. Sie lächelte und
lud mich ein , ihr Gast zu sein
Da besann ich mich, an den Vor-
fall, aus dem Paradies, und sagte Nein.!

Da erwachte ich aus dem Traum
im Traum und war ganz stolz
auf mich, fest und stark zu sein.
Doch der Traum vom Erkenntnisbaum
er blieb. Also ging ich selbst hinaus
schaute die Äpfel an, und siehe da
Blüten am Baum, Knospen allerorts:

Und ich fragte mich – erwacht – und sah
mich, mit einem Apfel in der Hand:
Traumesland.

88b
Auf der Brücke ich
und neben mir die Zeit.

Ich gehe weiter, die Zeit bleibt steh'n.
Dann schaue ich gejagt, gehetzt zurück.

Brücken erinnern mich daran
meine Lieder zu versteh'n.

…Saatkrähen, schwarze Punkte
im weißen Feld … an meinem Weg.

Vom Dach herunter spielt der Rauch
verträumte Melodien: Ewigkeit.

Auf der Brücke ich und die Zeit.
Kalte Tränen flecken ein den Abend.

Durch unbefleckten Schnee weint sich
der Bach den Weg., Lied zu sein.

Ein, zwei Fenster weiter Lichter
gezündet! … Saatkrähe, wo ist Heute

Dein Zuhaus' ? Spiegelbild des Baches
gieße Dein Gesicht hinein in diese Straße

auf der ich träumend ging Heimat zu sehn:
Fenster an Fenster: Brückenzeit!

89a
Die Botschaft vor dem Nibelungenuntergang.

Wie kann ich wortlos bleiben
wenn sich mein Ich zerfleischt
das Licht zum Nichtwort hin – mir –
aufzulösen, wie Platon, der
aus jener Grube floh
um neu und umgeboren
wieder und wieder zu Ihnen
hinabzusteigen, sie, die im
Dunklen leben:
unfrei frei zu sein?

Mit Sonnenlicht durchflutet
Wörter anzubringen
für ihn, für mich
wortlos Lichtgedanken
in die Höhle treiben?

Wir können (Er und auch ich)
wer aber ist jetzt FREI ?

89b
Sumpf

Hindurch? oder Hinüber?
Als Kind kannte ich den
Übergang durch den Sumpf.

Jeder Büschel, jede Sode
war sie auch noch so marode
hielt dem Fuße stand: Als Kind!

Hindurch? oder Hinüber?
Als Erwachsener lebte ich die Gefahr
die Jahr für Jahr mich verschlang:
im Sumpf!

Kein Büschel, keine Sode
war sie auch noch so stark.
hielt stand: Und ich versank!
Bis das Alter mich fand.

Ich blieb steh'n. Schaute hinüber
und der Verstand flutete im Licht
mich dorthin ... und ich verstand:

des Lebens Sumpf!

90a
Brückenköpfe

Sie töteten sich!
Man stieß in die Armee
des Gegners vor und schob so
Brückenkopf
auf Brückenkopf
in des Gegners Machtbereich.

Nur?
man vergaß, das
baue ich in andere Bereiche
Brückenköpfe ein, dann
entstehen – automatisch –
… ganz geheim fürs dumme Volk …
Brückenköpfe auf der andren Seit.

Nur?
Das Töten wird
dann übersichtlicher

90b
Gedichte,
dichter, immer dichter
und doch am Wort vorbei
fing der Schrei, im All verloren
Metamorphosen für mich ein.
Das Orakel sprach in höchsten Tönen
Nixen wirbelten im Meeresschaum
meine Hände, dem Bleistift ergeben
erweckten meine zum Leben mir.

Auf dem Weiß des Papiers ein Gesicht
mein Gedicht. Es begann zu leben
fragte mich: »Warum ziehst Du wieder mich
aus den Fluten des All, Form zu sein?«
Gedichte laufen wie kleine Geburten durch
die Hand aufs Papier, bewegen sich plötzlich
und vor der Tür steht unausweichlich ein Wesen

das mit dir gemeinsam lesen möchte, das
was dir widerfuhr. Geboren: Ich? So frage
dich, was machst du mit all den Keimen
der Übergeburt, mit all den Reimen, die
immer dichter, und dichter werden,
um am Schluss Gesicht zu sein?

91a
Träume

Verweise nicht das Licht
in die verstaubten Ecken.
Auf den Böden unterhalb
der Schatten ist es nicht zu sehn.

Jedes Ende einer Lüge
sie beginnt mit einer Wahrheit.
Schließ auf den wahren Hinter-
Grund willst du erkennen sie.

Die Lüge zu benennen
sie aufzudecken im Entsteh'n?
Sieh der Wahrheit Anbeginn
wo die Lüge über grüne Brücken

in der Knospe nach der Frucht
aufgehoben ist: in Zeit.

91b
Kranichflug

Aus dem Wasser heraus
führt ein Steg: Das Leben!

Die Brücke endet so, wie
sie begann im Meer der Zeit.

Kraniche kommen und gehen
flugs, verkünden Frühling, sie.

Heimelig der Flug
der großen Vögel

Sinnbild von Ankunft
und Abschied zugleich.

Kommen sie? Fliegen sie fort?
Kraniche sind mir ein Licht im Wort

Teile des Jahres, wie der Steg.
Kranichflug, meine grüne Brücke:

hin zum geflügelten Wort.

92a
Bach,
du blinkerst
wie ein Lächeln
durch die Auen.

Du perlst dein Silberband
durch meinen Sinn.

Weißer Nebel still umflutet
Feld und Seele. Sonne
färbt mein Lächeln ein.

Blasse weiße Diamanten
tauumringt – so –
bekrönen sie das Gras.

Gedankengang Welt
halt meinen Atem an!

92b
Entgegensetzen

Ich kann der Liebe, Liebe
entgegensetzen oder Hass.
Gleichgültigkeit zerstört
die Liebe und den Hass
zugleich. Das war mir
um zu überleben, die

einzige Möglichkeit am Leben
zu bleiben. Licht und Schatten
waren umgemünzt.

Die DREI Seiten der Medaille
Oben, Unten und der REIF
der die Seiten bindet
hat mit dem Entegegensetzen
eigentlich nur das zu tun
wissentlich in diesem Ring

friedlich auszuruh'n, damit
die Liebe, vom Hass befreit
gesunden kann im REIF der Zeit.

93

Meine Philosophie ist dort Zuhause
wo der Wind geboren, den feinen Tau des Nebels
zu Boden haucht, Atem zu beleben.
Wahrheitssuche ist »der alte Traum«
Gott zu sein. doch Gott ist tot! Der Mensch
hat sich selbst widerlegt in seinem Selbst
Gott zu sehen auf dem Wege zur Computer-Seele.

Wir spielen Maschine. Auf der Straße
zur Wahrheit öffnet sich die Distanz
Recht zu vergewaltigen. Das Selbst
ist tot. Zu Asche verbrannt das Wort: Gott!
Zeichen wurden zum »Goldenen Kalb.«
Nebel binden ein das Licht.
Meine Lippen bleiben stumm.

Tropfen für Tropfen bläst der Wind
verbrannte Buchstaben in den Horizont.

94a
Das Huhn und das Ei

Wieder ist auch Dir der nächste
Querstrich eine Pforte! Und du
stehst abgrundtief erschüttert vor
dem Los: weitergehen? Verstehen
in der Fläche setzt voraus, drei-
dimensional zu denken ohne den
Kopf zu heben, denn das wäre schon
aus der Fläche Mensch hinaus zu geh'n.

Also wurden mir am Anfang alle Räume
lediglich nur Punkte, wie die Gegen-
sätzlichkeiten Trugschluss einer Zeit
die ungesehen ihre Possen mit den Menschen
treibt, denn Huhn und Ei waren zur selben Zeit
präsent! … Woher ich das weiß?

Ein einziger Punkt aufgerollt wurde Fläche
dann sogar Raum und auch Die Zeit!

94b
Ich: Nur ein Poet

Er weinte oft, wo Andere noch lachten
und faltete die Hände dort
wo im Gelächter irgendwo ein Mensch
verhöhnt, dem Spott der Masse
ausgeliefert war: Allein.

So ist das Handwerk, Handwerk dem
Poeten, der aus der Nähe die Kollegen:
Menschen sah. Der Philosoph spricht
wahr und weise, bis die seine Wahrheit
aufgelöst wird: Zeit – das Weise blieb
solange wie die Obrigkeit die Gleise
ins Verstehen oder Nichtverstehen trieb.

Und der Poet? Er schreibt vom Für und
Wider zwischen all den Zeilen
und wartet auf den Augenblick bis er
erkant. Nur? meist ist der Poet schon
lange, lange tot. Ein Zeichen färbt
den Himmel rot:

Das war sein letztes Wort
»Im Licht verbrannt!«

95. These – Prolog 31. Okt. 2014

Spieglein, Spieglein an der Wand …!

Meine 95 Thesen (Gedichte etc.) angeschlagen an die Innenseite der Tür: Mensch!(Das Gläserne Wörtchen ›ich‹)

Meine Rückerinnerung am 31. Okt. an Luthers Thesen an der Kirchentür zu Wittenberg. Da kam mir dieser Gedanke, mich und Andere an das Wörtchen Mensch zu erinnern: dort, wo Glaube ›Hoffnung bedeutet und nicht göttliche Allwissenheit.

Die Gedanken, zu diesen Thesen (Glaswörtern) kamen mir an diesem besagten Tage, beim Lesen des Buches »Wahrheit und Methode« von Hans Georg GADAMER. (Die Seitenzahl am Rande der Zitate entstammen diesem Buch). Alle anderen Autoren sind mit Ihren Zitaten im Text angezeigt.

Meine 95 Thesen sind gestaffelt: Nr. 1 und Nr. 2 sind ausgeschrieben, so wie die (meine) letzte, die 95.! Zwischen These 3-94 stehen die Worte meines Buches Pate; diese Gedanken an und mit Gadamer zu verstehen, das »Gläserne Wörtchen ›ich‹« Sie sollen diesen Raum 3-94 in poetischen Aussagen anzeigen; in Form eines Gedichtes, Erlebtes, Erdachtes: ergänzen, füllen!

These (1)! Jeder Glaube dieser Welt ist: das sagt das Wort an sich aus – Nichtwissen –! Also? Jeder, der von sich gibt mehr oder gar alles zu wissen, begeht den Weg der Lüge. Das ist ganz einfach: Wissen!

Glaube mit Glaube zu bewahrheiten ist die Möglichkeit einfachste Menschen zu verdummen, sie auszubeuten usf.!

These (2): Heiden sagen: ich glaube nicht zu glauben! Sokrates sagte: »Ich weiß, dass ich nichts weiß!« Also wusste Er, so, wie der Heide glaubt – nicht – zu glauben. Sie wissen also: Beide!

Das Alles mit dem Hilfsmittel Sprache zu erörtern ist eine Himmelfahrt unsagbarer Tiefe, die am »Unendlich Kleinen«

Halt gebietet: Dort wo Huhn und Ei: raum – zeit – und wort-
los (Einheit) wird – ist und war.. Ein Glaswort, dort, mitten-
drin, im Wörtchen différance des Philosophen J. Derrida!

Mit zwei , für mich wunderbaren menschgebundenen Sätzen
des Philosophen Peter Sloterdijk, möchte ich an dieser Stelle
fortfahren, um die ganze Seelentiefe seiner Wörter meinem
Denken unterzuordnen.

»Die Poesie redet von Brandzeichen der Seele her, von den
unter die Haut gestochenen Charakteren aus.«

»Wo Brandmarkung war soll Sprache entstehen.«

In diesem Sinne gehe ich in der Rückkoppelung an meine
GEN-Leiter heran. In der Schule erzählte man UNS, dass die
Gen-Leiter, aufgerollt, so lang sei, wie unser Sportplatz. Ich
habe mir oft, als Jugendlicher, versucht dieses vorzustellen. Es
gelang mir nur eine Leiter auf dem Rasen, gedanklich auszu-
rollen. Und dann sollte ich, zusammengesetzt, aus vielen, un-
endlich vielen, an den Seitenholmen – von Mama – von Papa.
zu verteilenden Sprossenteilen, mein Ich entstanden sein. Und
die stärkere Sprossenhälfte bestimmte die Augenfarbe.

So, sagte man UNS, entstanden die vielen Eigenschaften,
um mein Ich, mein Selbst, zu gestalten. Größe der Nase, Form
der Ohren, Farbe der Haare – UND? ob ich männlich oder
weiblich werden sollt`.

Somit sollen wir Menschen Alle, weibliche wie Männliche
Gene in UNS beherbergen.

Mit den Gedanken Benjamin Lee Whorf, aus »Beiträge zur Me-
talinguistik und Sprachphilosophie« fahre ich fort. Dort sagt er
mir, mit einem kleinen Satz aus, wie gedankenlos wir Menschen
uns in der Natur bewegen: »Der Gedanke, Natur und Sprache
seien innerlich verwandt, ist der modernen Welt ganz fremd!«

Jetzt: Irgendwann, im Älterwerden kommen Gedanken, die
in Anlehnung des Buches Gadamer »Wahrheit und Methode«,

das Ich und das Selbst betreffend an das Damals eingebläute Schulwissen erinnern.

(GADAMER S. 2) »Daß im Verstehen der Texte dieser großen Denker Wahrheit erkannt wird, die auf anderem Weg nicht erreichbar wäre, muss man sich eingestehen, auch wenn dies dem Maßstab von Forschung und Fortschritt, mit dem die Wissenschaft sich selber misst, widerspricht.« (Zitat Ende.)

Über Wahrheit und Methode laufen in meinem Innersten die Gedanken an den Leitersprossen: hin und her.

Dann kommt die spekulative Frage nach Seele! In der Methode meines Denkens muss auch sie zusammengesetzt sein! Also? Was und Wer bin ich?

Die Grundholme, die diese Ur-Einheiten , als Sprossen, zwischen dieser Parallele –Selbst – zusammengesetzt, in die Unendlichkeit weisen, sie sind in meiner Symbolik mir nur Methode ›Seele‹ zu denken! Siehe Christentum und anderer Glaubensrichtungen, mit dem Islam weiterführend .. usw. … usw.!

(S. 17/ 19) »Bildung ist ein echter geschichtlicher Begriff und gerade um diesen geschichtlichen Charakter der Aufbewahrung geht es für das Verständnis der Geisteswissenschaften. Im Fremden das Eigene erkennen, in ihm heimisch zu werden, ist die Grundbewegung des Geistes, dessen Sein nur die Rückkehr zu sich selbst aus dem Anderssein ist.«

In meinem Innersten wurden, durch Elternhaus, Schule, Studium viele Wahrheiten gebildet: Geschichte! In vielen Dingen sah ich dieses »Bilden«, als Methode. Ob Kapitalismus, Kommunismus, Sozialismus usf.! Ich bewahre sie nur an dem Punkte auf, in bunten Geschichten zu blättern: Erinnerung! »Persönliche Geschichte«! Ja! Aber nur um nie zu vergessen, Wer, wo, was mir einzubläuen versuchte.

Meine kleine »Geisteswissenschaft« entstand im tiefsten Dunkel meines Ichs: schon in der 4. Klasse der Hauptschule

Hamburg-. Stellingen, als die Fragen an das Elternhaus gestellt wurden »Studium oder Handwerk?

»Handwerk hat Goldenen Boden.« Tradition war vorgelagerte Entscheidung. Das Positive daran? Ich verdiente im Schweiße meines Angesichtes mein Geld und damit eine freie Meinung: Unabhängigkeit. Mit dieser Selbständigkeit (Selbst / Stehend), bildeten sich tiefe eigene Bilder (von Bildung) aus der Praxis heraus, um im Studium an Hochschulen, Universitäten, Theorie – zu verstehen, um z.B. GADAMERS »Wahrheit und Methode« noch besser in Praxis und Theorie aufnehmend, umsetzen zu können.

»Im Fremden das Eigene erkennen, in ihm heimisch zu werden«, auch das ist meine Grundvoraussetzung, das Andere – den Anderen zu verstehen, wobei verstehen, bei mir, nicht billigen bedeuten muss! Dafür war mein Leben, lang genug, zwischen Praxis – handwerklichem Schaffen – und der Theorie »kleine Geisteswissenschaft«, meine Lyrische Lebensphilosophie«, hin und her gerissen.

Die Wörter waren buchstabengenau gleich, dieselben gar, nur? die Inhalte, durch meine Vorlieben (anderer Vorbilder) waren teilweise Anderen unverständlich, da in meinem Fall die Poesie, wie auch die Klassische Musik nicht nur das Äußere der Begriffe veränderten und dadurch die bindenden Metaphern, für Viele unerklärlich wurden.

Noch einmal soll Lee Whorf mich unterstützen, denn mir war Musik – Oper – immer mehr als eine Quasi-Sprache: sie war mir Lichtwort und Leben: ein ständiger Begleiter, ›ich‹ dem Ich!

»Die Suche nach der Wahrheit ist eine Art göttlicher Sucht wie Liebe. Und Musik gehört sie nicht auch dazu? Musik ist eine Quasi-Sprache. Sie besteht ausschließlich aus Struktur und hat keine Wortgebung entwickelt.«

In meinem Ich, Selbst, kam dann noch ein Du dazu, nicht das Andere(Der Andere) sondern dieses Du, das die Ich-Sprossen bildend nach diesem Du und ›ich‹ fragte. Gebündelt selbst, als ›ich: Du, wer bist Du? Bist Du das Ich im ›ich‹?

Dieses Anderssein es begann im Laufe meines Lebens eine neue Wahrheit mir zu offenbaren, nach Ich zu fragen.

(G S. 21) »Nur durch das Vergessen erhält der Geist die Möglichkeit, der totalen Erinnerung, die Fähigkeit, alles mit frischen Augen zu sehen, sodass das Altvertraute mit dem Neugesehenen zu vielseitiger Einheit verschmilzt.«

In dieser Einheit bleibt aber das Vergessen teilweise als Wörtchen – Unterbewusstsein – bestehen, das dann und wann, unkontrolliert, ungewollt, seinen Kommentar (für das ›ich‹) sich Raum verschaffte; verschaffen musste, um Selbst zu bleiben.

Der Volksmund sagt dann: »Er kann nicht aus seiner Haut;« so, wie ich teilweise nicht aus meinem Wort, das dann in Metaphern meiner Poesie für Andere unverständlich, für mich herzerfrischend, mir, diese Untiefen an die Oberfläche hinaufkatapultierte.

(G 27) »Das praktische Wissen, die PHRONESIS , ist eine andere Art ! Das bedeutet zunächst: es ist auf die konkrete Situation gerichtet. Es muss also die ›Umstände‹ in ihrer unendlichen Varietät erfassen.«

Hier fällt mir Ernst Cassirer ins Wort, denn auch das praktische Wissen kann aus dieser, seiner Eigenschaft heraus Wunder (Glaswörter) an die Innenseiten der Herzen schlagen; auch wenn's zuerst die eigenen sind, um sie von dort aus zu veräußern. Von dort aus kann auch er, der Praktiker dem Wahrscheinlichen Großes abgewinnen.

»Der echte Künstler beweist sich darin, dass er dem Wunderbaren die Farben der Wahrheit, dem Wahrscheinlichen die Farbe des Wunderbaren gibt«

Nehme ich also die halbe Sprosse meiner Gen-Leiter, die Teile meines Gehirns »mütterlicherseits«, dann ist dort die

unendliche Varietät angebracht. Wie weit muss ich zurück-
datieren? Über ihre Eltern, Großeltern, Ahn bei Ahn bis? und
nehme ich die andere Hälfte dazu ›väterlicherseits‹ dann bin ich
der Unendlichkeit weit voraus. Dann die Nase, die Ohren usf.!

Ist das jetzt noch praktisches Wissen, oder ist das, auf der
Suche nach dem Kern-Ich, ein unüberwindlicher Gedanken-
Quell, diese Vorstellungen zu entwickeln? Zugegeben, das hat
mit dem praktischen Wissen nichts mehr zu tun, und doch,
diese Gedanken sind in mir Tatbestand, bis hin zum »Unend-
lich Kleinen«, wo die halbe Sprosse Mutters mir die Eine (1)
Unendlichkeit klar vor Augen hält: so komme ich zu Adam
und Eva? Nein! Drüber hinaus: Affe …! Und dann? Dann
schaue ich bedrückt zurück auf meine Sportplatz Gen-Leiter,
sie, die mir schon arge Kopfschmerzen bereitete. Wo bleibt jetzt
meine Seele? An der Stelle gehe ich mutig einen Schritt voraus
und sehe in dem Zusammenfallen aller Teile und Teilchen, in
einem Punkt zusammengerollt, das Kern-Ich, als Gesamtheit
aller Teilchen, Viertel, Achtel ,1000dstel usf.!

An dieser Stelle weise ich auf Johann Leo Weisgerber hin, der
in seinen 4 Bänden »Von den Kräften der Deutschen Sprache«
mir Herz und Auge öffnete, die Muttersprache von einer ganz
anderen Seite zu betrachten – näher zu bringen –! » … sich
im Ausgesprochenen dem Unausgesprochenen nähern.« (Seite
20-Gadamer)

So nahm ich seinen Anschlag an meiner Innentür – Mut-
tersprache – tiefst entgegen; »Sprachganzheit umschließt Le-
bensganzheit.«

Dieses ZITAT war ein Grund mehr, meine, die Thesen »Das
Gläserne Wort ›ich‹« zu schreiben!

(G.S. 252) »Die radikale Weltbetrachtung ist systematische
und reine Innenbetrachtung der sich selbst im ›Außen‹ än-
dernden Subjektivität. Es ist wie in der Einheit eines leben-
digen Organismus, den man wohl von außen betrachten und

zergliedern kann, wenn man auf seine verborgenen Wurzeln zurückgeht.«

Michel Foucault meint dazu oder entgegengesetzt: »Niemals wird die Psychologie die Wahrheit über den Wahnsinnigen sagen können, weil im Wahnsinn die Wahrheit beschlossen liegt.«

Ich bin gegangen – 70 Jahre – ! Jedes Wort veränderte sich von Minute zu Minute, so z.B. das Wörtchen Seele! Auch hier kommt J. Derrida' différance zum Tragen. Diese Räume werden nicht klein und kleiner, nein, sondern groß und größer, jene andere »différance« der Seelenfindung – Sie – wortlos zu verstehen.

Angelangt, wo Innen und Außen sich in Bereiche erheben, ›die der Seele z.B.‹, Worte, historisch zu betrachten,? dort liege ich im Grase der Jugendzeit und finde mich im Kinde F. Nietzsches wieder: aufgewacht. Dort, wo J.G Hamann (1730-1788) schreibt » …. und wahrlich, wahrlich Kinder müssen wir werden, wenn wir den Geist der Wahrheit empfangen sollen, den die Welt nicht fassen kann!«

(G 60) »Die Urteilskraft stellt die Brücke zwischen Verstand und Vernunft dar.«

»Schöne Kunst ist Kunst des Genies, d.h. also nichts anderes als: es gibt auch für das Schöne in der Kunst kein anders Prinzip der Beurteilung, kein Maß des Begriffes und der Erkenntnis als das der Zweckmäßigkeit für das Gefühl der Freiheit im Spiel unseres Erkenntnisvermögens!«

Ich baue also z.B. sinngemäß – ›Verstand und Vernunft in den Raum‹ um diese – irgendeine Brücke – zu bilden (bilden zu können). Viele halten eine Brücke in den Händen! Ihr Ich? und wollen (so (G.60) Verstand und Vernunft herbeiholen, herbei wünschen, nur weil Sie der Meinung sind eine Brücke erbaut zu haben. »Schöne Kunst« ist nicht immer zugleich: GENIE! Schön wird zur Methode und man meint damit die bezeichnete Kunst als Wahrheit zu benennen: Genie trifft Genie …?

Manches Mal – ob Malerei, Lyrik, Bildhauerei (Modelle, Skulpturen) usw. ist (sind) nur diese blinden, herbeigesehnten Brücken, die in den leeren Räumen Genie werden sollten. Somit wird über Genie dann »Schöne Kunst« in den Raum – brückenlos – erstellt. Nach Rudolf Steiner, eins der untersten Sinne, Teil der 3 Stufen – seiner Sinn Leiter –: bestehend aus insgesamt 12 Sinne, wobei der oberste Sinn der Ich-Sinn ist.

Sinn Eins(1) der Tastsinn! Man tastet sich über alle Brücken, die geboren, hinweg, nur um Genie zu sein. Schöne Kunst geformt zu haben »willensverwandt, leibgebunden, schlafend«, so R. Steiners Beginn des Beginnens seiner Sinn-Skala 1-12!

Urteilskraft! Mit welcher Skala wird diese Kunst gemessen? Phon Stärke? Mehrheitsprinzip?

(G. 392) »Vielmehr ist die Sprache das universelle Medium, in dem sich das Verstehen selber vollzieht. Alles Verstehen ist Auslegen, und alles Auslegen entfaltet sich im Medium einer Sprache, die den Gegenstand zu Worte kommen lassen will und doch zugleich die eigene Sprache des Auslegens ist.«

Mit dem folgenden Satz Gadamer` bin ich auf einer Brücke, Lebenserfahrung Praxis gleichauf Theorie, um mich diesem Leitfaden anzuschließen.

(G 388) »Eine Sprache versteht man indem man in ihr lebt.«

Hier, an dieser Stelle öffnete sich die kleine Rille »différance« J. Derrida`, um in der Verschleierung oftmals diese Bücke nicht zu betreten, hin zur sogenannten Wahrheit, um im richtigen Gespräch sich selbst Rede und Antwort zu stehen, um das große Rund ›Sprache‹ vom Hilfsmittel zu befreien, wenigstens sich selbst verstanden zu haben; somit vielleicht auch den – Die – Anderen.

Wenn 100 Mann »Schön« rufen, dann ist mein »Nicht-Schön« zur Un-Wahrheit degradiert. Von der Anderen Seite betrachtet kann man bewusst dann auch »Schön«, »Genie« usf. methodisch erschaffen, bis hinauf zu Gott, Teufel usf.!

(G 234) Der Philosoph Dilthey meint an anderer Stelle dieses Buches: »Die Blüthe ist die wahre Reife! Die Frucht ist nur die chaotische Hülle dessen, was dem organischen Gewächs nicht mehr angehört!«

So ist in meinem Sinne das Hin zum Wort die »Große Blüthe« und das Gedicht nur die Hülle – das Chaotische – Zeit –, das wieder und wieder durch Neues Blühen aufgefordert wird über die Knospe (Wort) ein neues Blühen hervorzubringen. Die Frucht fällt zu Boden wird Erde. Sie schlägt neue Wurzeln – Zeit – Sie keimt, bis sie wieder Blüthe ergeben, neue, andere, obwohl vom selben Stamme: Blüthe (Muttersprache)!

(G 75) »Wie das Kunstwerk als solches eine Welt für sich ist, so ist auch das ästhetisch Erlebte allen Wirklichkeitszusammenhängen entrückt.«

Das ist der wahre Weg von Blüthe zur Blüthe des nächsten Tages, Monats, Jahres usf.!

Jedes Erlebnis ist , mit Schleimacher zu sprechen: »ein Moment des unendlichen Lebens.!«

Ich sah in meinem Leben viele Blüten als Frucht: und Andere, um mir meine Brücke zum Genie, Vernunft und Verstand zu errichten? Nein! Ich lebe in der Knospe Mensch, um meine Muttersprache als zweite (2.) dritte(3.) Sprache nacheinander erblühen zu lassen, um dann , ist sie befruchtet, aus der selbstgewonnenen Lyrischen Lebensphilosophie mein Alter als diese sich ständig erkennende Brücke, zum Selbst – dem Ich zum Ich – in und mit dem grandiosen Hilfsmittel Sprache: EINS zu werden –Fragender dem Befragten, ständig neue Knospen (Wort an Wort), Blüthe werden zu lassen.

Vielleicht wird auch irgendwann ein Vers, ein Poem, ein Glaswort von mir mehr, als eine Applikation, eine aufgehauchte Stickerei am Tore der Erkenntnis, um an dieser Stelle mit Arthur Schopenhauer zu enden. »Das Glück gehört denen, die sich selbst genügen!«

Ein neues Glaswort? Nein! Applikation, das Wort, meine Muttersprache, die von Außen langsam Teil zu werden scheint – Rahmen für das Bild: ›ich‹; so streife ich durch Wald und Flur, Schritt um Schritt, für das Gegangensein ein Wort zu finden für mein stetes Hasten: ich zu sein! Es folgen Gedichte, Thesen, die 70 Jahre vertraut, Blüthe mir wurden, um dann ständig erneut von Knospe zu Knospe die Kraft aufzubringen, nach abgeworfener Frucht, das fertige Gedicht, auf der Spur **wahr** nach neuen Knospen Ausschau zu halten; denn das Blatt, das vom Baume fällt, gibt ihm, dem Baum, Humus für neue Blüten: fort und fort.

Hast Du das Licht gesehen, das ich in meinen Händen wie ein rohes Ei in meine Welt des Selbst auf diesen weißen Bogen legte? Türen für das Selbst sie mahnen Tag – aus / Tag – ein in allen Thesen dieser Welt einfach Mensch zu sein.

Zwischen These 3 – 95 liegen meine Nöte und Ängste begraben, die in den vorliegenden Texten meines Gläsernen ›ich‹ danieder liegen, um nebenbei auch auf Liebe und Leid usw. hinzuweisen.

An dieser Stelle zum Ende kommend: die 95 These! Dort, wo der Glaube rein wird enden alle Zeichen, Wörter usf.! An der Stelle öffnet sich das Große Rund: Leben mit Leben zu bewahrheiten, jeden Glauben als **W ah r** anzuerkennen, um dann gemeinsam über das tiefste aller (dieser) Gefühle in die Gesamtheit Mensch zurückzufinden, um dann, so, an gemeinsame Wörter heranzukommen, wenn sie zuerst auch »Glaswörter« sind, Blüthe an Blüthe und doch Ich, Du ebenso Himmel UND Erde, als Heimat der Seele: Mensch!

So fand ich mich vor den Toren der Glaswörter wieder ›ich‹ zu Ich!

… Spieglein, Spieglein an der Wand …:

›

Inhalt